Q&Aとストーリーで学ぶ

コロナ恐慌後も
生き残るための

労働条件
変更・
人員整理の
実務

弁護士　岡崎教行
　　　　髙津陽介　共著
　　　　小池史織

JN048407

はじめに

　令和元年12月に中国の武漢で原因不明の重篤な肺炎が発生したことに端を発し、令和2年2月11日には世界保健機構（WHO）が新型コロナウイルスを「COVID-19」と命名しました。日本では、令和2年2月25日に新型コロナウイルス感染症対策の基本方針が策定された後、4月7日に緊急事態宣言が発せられ、5月25日に全国的に解除されたことは記憶に新しいところです。

　新型コロナウイルスの蔓延は多くの企業にも大きな影響を与え、休業を余儀なくされたり、店舗の閉鎖、廃業を余儀なくされたりしています。メディアには、ほぼ毎日、企業の希望退職者募集実施に関するニュースが流れています。

　今のところ雇用調整助成金の特例措置が取られていますが、経済状況が回復する前に終了してしまう可能性は否定できません。

　そうなると、この特例によって何とか生きながらえてきた企業の中に、今後資金繰りが厳しくなり、廃業をも検討しなければならないという事態に直面することが予想されます。

　本書では、このような逆風下であっても、企業が何とか廃業を免れ、少しでも労働者の雇用の維持を図るために何ができるのか、また、何をしてはいけないのか、そのあたりの指針を示すことを主眼としています。その意味で、巷間よくいわれる「リストラ本」ではありません。

　第1章では、具体的なQ&Aを用意し、解説をしています。第2章では、仮想の事案をもとに、当職らが日頃、どのようなことを考えて、業務にあたっているのかもご紹介しつつ、顧客との打合わせの内容を会話形式で書いてみました。

　我々としては、本書が、1人でも多くの労働者の雇用の維持に役立てば望外の喜びです。企業の方々が手に取って、また、企業からのご相談にあずかる社労士、弁護士の先生方が手に取って「この部分、参考になったな」と思える箇所が1つでも多くあることを願い、本書を送り出す次第です。

　日本法令の田中さんには、原稿が遅れがちな筆者らの尻を上手に叩いていただき、何とか発刊にこぎ着けました。ありがとうございました。

令和2年10月

岡崎教行　髙津陽介　小池史織

CONTENTS

第1章 雇用維持のために講じる 人件費負担軽減策の考え方と進め方

Ⅰ 労働条件の変更—賃金

労働条件の変更—賃金以外

人員の削減—入る人を減らす

人員の削減—いる人を減らす

第 **2** 章　ストーリーで学ぶ整理解雇を見据えた 人員整理相談事案への対応

プロローグ　*176*

Ⅰ 相談の端緒（令和3年2月5日） *177*

Ⅱ 打合わせ前の所内会議（令和3年2月10日）

Ⅲ 1回目の打合わせ（令和3年2月20日）

【法律の略語一覧】（五十音順）

・**高年法**…高年齢者の雇用の安定等に関する法律

・**職安法**…職業安定法

・**短時間・有期雇用労働者法**…短時間労働者及び有期雇用労働
者の雇用管理の改善等に5関す
る法律

・**労基法**…労働基準法

・**労契法**…労働契約法

第 1 章

雇用維持のために講じる
人件費負担軽減策の
考え方と進め方

I 労働条件の変更—賃金

1 定期昇給の凍結

Q1 定期昇給の凍結等を行う場合の留意点

　当社では、毎年9月に、従業員に対して定期昇給を実施しております。今般のコロナ恐慌によって会社の業績も落ち込んだことから、今年の定期昇給を見送ること、あるいは、例年よりも定期昇給の額を少なくすることを検討しておりますが、これらを行うにあたっての留意点は何でしょうか？

A1 就業規則等において会社が定期昇給をする義務を負っているかを確認し、それが肯定される場合、同意をとったり、就業規則の変更等の手続きが必要となる。

1．定期昇給の意義

　定期昇給とは、毎年、一定の時期に対象者の賃金額を増額することである。

　就業規則等で、「毎年4月1日に基本給の5％を昇給させる」などと定めている場合、定期昇給の時期および金額が具体的に定められており、会社は定期昇給をする法的義務を負っていることになる。これに対して、就業規則等において「会社は業績等に応じて昇給させることがある」などと定めているに過ぎない場合は、労使慣行が成立している場合は各別（ I - 3 - Q3 参照）、そうでない限り、会社は定期昇給をする法的義務はない。

2．法的義務がない場合

　会社が定期昇給をする法的義務を負わない場合、定期昇給を見送ること（停止または凍結）も、例年より金額を少なくすること（減額）も、いずれも何ら支障はない。

　高見澤電機製作所事件（東京高判平成17年3月30日）は、定期昇給に関する労使交渉を行い、会社が定期昇給不実施を提案し、それがまとまらなかったという事案であるが、従業員の定期昇給請求権を否定した。

3．法的義務がある場合

　会社が定期昇給をする法的義務を負う場合、その根拠が何かによって対応が変わってくる。

　まず、根拠が労働契約にあるときは、停止、凍結または減額は個別の同意を得て行う必要がある。就業規則の労働契約規律効は、会社と従業員との間で就業規則よりも有利な労働条件を合意していた部分には生じず、就業規則の変更によっても効果

が生じないからである（労契法7条ただし書）。

　根拠が労働協約にあるときは、労働組合に対し、労働協約の変更を求め、その内容を変更する、あるいは破棄する。

　根拠が就業規則にあるときは、就業規則の不利益変更の問題となる（労働組合が存在する場合は労働協約の変更を求めていくことも可能である）。就業規則の変更は、原則として従業員の同意を得て行う必要があり（労契法9条本文）、例外的に、会社が一方的にこれを変更することができるが、定期昇給を停止または減額することは、労働条件の中で最も基本的な賃金に関する事項についての不利益変更であることから、それを受忍させることを許容できるだけの高度の必要性が要求される（労契法10条本文）（Ⅰ-2-Q2参照）。

4．就業規則の不利益変更における実務上の留意点

　定期昇給の停止または減額は、最も基本的な賃金に関することではあるが、受け取る賃金が「増えない」ということであって、受け取る賃金が「減る」ことになる基本給の減額に比べると、不利益は小さいといえる。また、停止または減額が今年度限りのものであれば、恒久的な廃止とは異なり、不利益は一時的なものといえる。

　コロナ恐慌による業績悪化を乗り越えるための必要性、合理性を従業員に対して真摯に説明し、個別の同意を得る努力をし、利益調整が真剣かつ公正に図られたということが肝要である。

Q2　定期昇給の凍結等に関する労使交渉を行ううえでの留意点

当社では、従業員の過半数を組織する労働組合と協

議し、毎年9月に、従業員に対して定期昇給を実施しておりますが、今般のコロナ恐慌によって会社の業績も落ち込んだことから、今回の定期昇給を見送ること、あるいは、例年よりも定期昇給の額を少なくすることを検討しております。労働組合と団体交渉を行うにあたっての留意点、労働組合と妥結するにあたっての留意点は何でしょうか？

A2 会社の財務諸表を開示するまでの必要はないことが多いが、労働組合に対して、定期昇給を見送ること、あるいは定期昇給額を前年よりも低くせざるを得ないことを根拠づける資料なり、事情を説明する文書なりを示して、必要な説明を行うべきである。

　また、定期昇給予定日までに労働組合と妥結できない場合は、労働組合員以外には定期昇給を実施し、労働組合員については妥結後に行うということも検討すべきであろう。労働組合との妥結にあたっては、労働協約を締結することとなるが、特定の組合員のみに不利益をもたらす内容となっている場合にはそれが無効とされる可能性もあるので、その点は確認しておくべきである。

解　説

1. 団体交渉にあたっての留意点

　会社に労働組合がある場合、通例は、会社と労働組合との間で春闘交渉を行い、定期昇給についても交渉を行う。その団体

交渉では、会社は、誠実に対応することが求められており、定期昇給額の根拠、定期昇給しないのであれば、その根拠等を労働組合に提示し、説明する必要がある。この点、何らの根拠や資料も示さずに、ただ結論だけを述べるだけの場合は、不誠実団体交渉と評価され、不当労働行為と判断される可能性が高まる。

2．定期昇給予定日までに妥結できない場合

　労働組合は、労働組合員の労働条件について交渉することができるので、非組合員の労働条件については議題にはならない。
　したがって、会社としては、労働組合との間で定期昇給について妥結できない場合、非組合員についてのみ予定日に定期昇給を行うことができる。その場合、会社の判断で、労働組合員について、労働組合と妥結できていないにもかかわらず定期昇給を行うことは、不当労働行為に該当する可能性が高くなる。労働組合からは、暫定的に、会社の提示する定期昇給額で非組合員と同様に定期昇給を行い、上乗せ部分について協議を継続してほしいという要望がなされる場合があるが、会社としてはそれに応じる必要はない。労働組合からは、それに応じないことが不当労働行為であるかのような主張がなされることもあるが、必ずしも不当労働行為に該当するものではない。

3．労働協約締結にあたっての留意点

　労働組合との間で協議が調った場合は、労働協約を締結することで妥結することとなる。
　労働協約とは、賃金、労働時間等の労働条件その他の従業員の待遇等に関する会社と労働組合との合意をいうところ、労働協約が締結されると規範的効力と呼ばれる効力が生じ、当該労働協約を締結した組合の組合員と会社とを拘束する（労働組合法16条）。

規範的効力は、①労働協約違反の労働契約部分を無効とする強行的効力と、②強行的効力により無効とされ、あるいは当初から定めがなかった空白部分を直接定める直律的効力の2つの効力から成るが、団体交渉は相互譲歩の取引であり、継続的な労使関係では、不況時の譲歩と好況時の獲得など時期を異にして駆引きがなされることもあり得る。すなわち、労働組合としては、組合員の利益を全体的長期的に擁護しようとして、それ自体では不利益に見える協約をも締結することがある。

　最高裁も、「同協約が特定の又は一部の組合員を殊更不利益に取り扱うことを目的として締結されたなど労働組合の目的を逸脱して締結された」とはいえないことを理由として、労働条件を不利益に変更した労働協約の規範的効力を認める判断を示している（朝日火災海上保険（石堂・本訴）事件（最1小判平成9年3月27日）。

　したがって、協約の内容が、特定のまたは一部の組合員についてのみ理由なく定期昇給を凍結するといったような差別的なものでない限り、労働協約が無効となるものではなく、合意した労働協約に基づき、定期昇給の見送りないし昇給額の減額をなし得る。

　もっとも、日本鋼管（賃金減額）事件（横浜地判平成12年7月17日）は、上述の朝日火災海上保険（石堂・本訴）事件判決を引用したうえで、「労働協約が労働組合の目的を逸脱して締結されたかどうかの判断にあたっては、組合員に生じる不利益の程度、当該協約の全体としての合理性、必要性、締結に至るまでの交渉経過、組合員の意見が協約締結に当たってどの程度反映されたか等を総合的に考慮することが必要である」と判示し、鞆鉄道事件（広島地福山支判平成14年2月15日）も、労働協約の内容が「特定の者に著しい不利益を与え、これを甘受させることが、内容的にも、手続的にも著しく不合理である場合には、その規範的効力を否定すべき」と判示している。

そのため、会社としては、組合において組合員に対する意見聴取がどのように行われているかといった点にも注意を払いつつ、必要な資料を示して説明を尽くすとともに、一部の組合員のみに著しい不利益を甘受させるような内容となっていないか確認したうえで労働協約を締結すべきである。

2 基本給の減額

Q1 基本給の減額を行う場合の留意点（個別の労働契約で基本給が定められている場合）

　今回のコロナ恐慌によって会社の業績が極めて悪化したことから、従業員の基本給を切り下げたいと考えています。当社の就業規則には、基本給について、「基本的な仕事の内容、スキル等を勘案して決定する」と定められているのみですが、この場合に、どのような手続きを取れば基本給を切り下げることができるでしょうか。また、切下げは何割くらいまでであればできるのでしょうか？

A1
　従業員各人から同意を得なければ基本給を切り下げることはできない。切り下げることができるのが何割までという基準はないが、同意取得にあたっては、十分に説明のうえ、書面で同意をもらうべき。

1．基本給の切下げの手続き

　基本給を切り下げるための手続きとしては、就業規則の変更によって行う、従業員からの同意を得て行うという2つの方法がある。どちらの手続きで行うかは、変更する対象となる労働条件が何で定められているのかということによることになる。

　本ケースでは、就業規則に、基本給について、基本的な仕事の内容、スキル等に勘案して決定すると定められているということであるので、就業規則に、具体的な基本給額が記載されているわけではなく、個別の労働契約で基本給が定められているということになる。

　したがって、本ケースでは、従業員から同意を取得しない限り、基本給を切り下げることはできない。

2．同意取得の際の留意点

　賃金債権の放棄について判示したシンガー・ソーイング・メシーン・カムパニー事件（最2小判昭和48年1月19日）は、「退職に際しみずから賃金に該当する本件退職金債権を放棄する旨の意思表示をした場合に、右全額払の原則が右意思表示の効力を否定する趣旨のものであるとまで解することはできない。もっとも、右全額払の原則の趣旨とするところなどに鑑みれば、右意思表示の効力を肯定するには、それが上告人の自由な意思に基づくものであることが明確でなければならないものと解すべきである」として、自由な意思に基づくものであることが明確であることを要求している。これは、既に発生した退職金債権についての判断である。

　また、経営悪化を理由として、従業員から同意を得て賃金の減額をしたことが争われた北海道国際航空事件（最1小判平成

15年12月18日）は、既発生の賃金債権の減額の同意については、放棄の意思表示と解して、自由な意思に基づくものであることが明確であることを要求したが、未発生の賃金債権の減額については、自由な意思に基づくものであることが明確であることは要求していないと思われる。

しかし、退職金の支給基準の変更の合意が争われた山梨県民信用組合事件（最2小判平成28年2月19日）は、「就業規則に定められた賃金や退職金に関する労働条件の変更に対する労働者の同意の有無については、当該変更を受け入れる労働者の行為の有無だけでなく、当該変更により労働者にもたらされる不利益の内容及び程度、労働者により当該行為がされるに至った経緯及びその態様、当該行為に先立つ労働者への情報提供又は説明の内容等に照らして、当該行為が労働者の自由な意思に基づいてされたものと認めるに足りる合理的な理由が客観的に存在するか否かという観点からも、判断されるべき」として、将来の賃金減額への同意についても、自由な意思に基づくものであることが明確であることを要求しているようにも思われる判示をした。

これらの解釈上の問題はさておき、実務上、従業員から賃金減額の同意を取得する場合には、どうして賃金減額をするのか、その理由等を説明するなど、情報提供を十分に行うこと（説明資料等を作成し、交付するという方法も考えられる）、同意は書面で残すこと等は少なくとも必要である。

Q2 基本給の減額を行う場合の留意点（基本給の金額が就業規則の別表に定められている場合）

今回のコロナ恐慌によって会社の業績が極めて悪化したことから、従業員の基本給を切り下げたいと考え

ています。当社の就業規則には、基本給については「別表のとおりとする」として、別表で等級と号俸ごとに定められていますが、この場合に、どのような手続きを取れば基本給を切り下げられるでしょうか。また、切下げは何割くらいであればできるのでしょうか？

A2 就業規則の中の別表記載の金額を変更する手続き（就業規則の変更手続）で基本給を切り下げることができる。就業規則の不利益変更に当たるので、従業員の多くから同意を取得できるようにコミュニケーションを取るべき。切下げ幅は1割が目安となる。

解　説··

1．基本給の切下げの手続き

基本給を切り下げるための手続きとして、就業規則の変更、従業員からの同意の取得を得ること、どちらの手続きを行うべきかの判断基準は、**Ⅰ-1-Q1**に記載のとおりである。

本ケースでは、基本給の金額が就業規則の別表に定められているということなので、別表記載の金額を変更することで、基本給を切り下げることとなる。つまり、就業規則の変更によって基本給を切り下げるということである。

2．就業規則の変更にあたっての留意点

就業規則に定められている基本給の金額を切り下げるということは、いわゆる就業規則の不利益変更になる。就業規則の変更に関する労契法の定めは次のとおりである。

（労働契約の内容の変更）

第8条　労働者及び使用者は、その合意により、労働契約の内容である労働条件を変更することができる。

（就業規則による労働契約の内容の変更）

第9条　使用者は、労働者と合意することなく、就業規則を変更することにより、労働者の不利益に労働契約の内容である労働条件を変更することはできない。ただし、次条の場合は、この限りでない。

第10条　使用者が就業規則の変更により労働条件を変更する場合において、変更後の就業規則を労働者に周知させ、かつ、就業規則の変更が、労働者の受ける不利益の程度、労働条件の変更の必要性、変更後の就業規則の内容の相当性、労働組合等との交渉の状況その他の就業規則の変更に係る事情に照らして合理的なものであるときは、労働契約の内容である労働条件は、当該変更後の就業規則に定めるところによるものとする。ただし、労働契約において、労働者及び使用者が就業規則の変更によっては変更されない労働条件として合意していた部分については、第12条に該当する場合を除き、この限りでない。

　このとおり、就業規則の不利益変更にあたっては、労働者の受ける不利益の程度、労働条件の変更の必要性、変更後の就業規則の内容の相当性、労働組合等との交渉の状況その他の就業規則の変更に係る事情が考慮要素となり判断をされることになる。会社の業績の悪化に伴い基本給を切り下げるという場合、賃金という重要な労働条件についての変更であることから、これまでの裁判例等を踏まえると、労働条件の変更の必要性について、その程度は高いものが要求されることになろう。したがって、会社の経営状況等の悪化が立証できることが最低限必要であるが、そのほかにも、経過措置などの不利益の程度を緩

和する措置等を講じたかどうか、講じることができなかった場合にはその理由も説明できるようにしておく必要がある。

　また、従業員の多くから同意を取得するということも重要である。従業員の多くが基本給の変更に同意しているという事実は、2つの意味で重要である。1つは、同意をした従業員との関係でいうと、当該従業員は、就業規則の変更について拘束されるという点である。2つは、同意をした従業員が多ければ多いほど、就業規則の不利益変更の判断にあたって、就業規則の変更が合理的と判断される可能性が高まるという点である。つまり、従業員の数多くが基本給の切下げに同意しているという事実は、労使の間で利害調整がされているということを推認するものであり、変更の合理性を肯定する強い根拠となる。

3．切下げ幅

　大阪京阪タクシー事件（大阪地判平成22年2月3日）では、次のような点を認定し、新賃金規程制定には高い必要性があるとしつつ、その一方、新賃金規程によって、労働者の中には、ある月の月給にして改定前に比べて20％を超える大幅な減額となる者もおり、同程度を超える減額は、乗務員の基本的な権利である賃金を減額するものであるとともに、労基法が定める減給の制裁額（労基法91条）を踏まえると合理性が認められないと判示し、改定前賃金体系による算定に比べて20％以上減額する限度で合理性を否定した。

- ・会社は、当座の人件費を支払うことも困難な状況に立ち至り、その存続が危ぶまれることが予想されていたこと、
- ・外部的要因によって売上自体が減少しており、会社の努力によって改善することが容易でない状況が見込まれていたこと、
- ・会社においてタクシー乗務員の人件費が営業費の大きな

割合を占め、営業損益に大きく影響していたこと、
・このまま逼迫した経営状況が続くと親会社からの支援が
　打ち切られる可能性が高い状況であったこと　など

　このように、高度の変更の必要性を認める一方、労基法の減
給の制裁幅（総額が一賃金支払期における賃金の総額の10分の
１を超えてはならないとの規定を斟酌して、その限度額を判断
している。

Q3　有期契約労働者の基本給や時給を切り下げる場合の留意点

　今回のコロナ恐慌によって会社の業績が極めて悪化
したことから、契約社員の基本給とパートタイマーの
時給を切り下げたいと考えています。もっとも、契約
期間の途中で一方的な変更はできないと聞いているの
で、契約更新の際に、基本給を切り下げたり、時給を
切り下げたりすることを考えていますが、それはでき
るのでしょうか？

A3　契約更新の際に基本給を切り下げて新規契約を
提示すること、時給を切り下げて新規契約を提示する
ことは可能である。ただし、従業員が、その提示を受
け入れない場合は雇止めになる点に留意する必要があ
る。この場合、会社による変更の提示に合理性がある
かどうかが問われることになる。

1．契約更新にあたって前契約と異なる条件を提示することの可否

　有期雇用契約は、当該期間についての労働条件を約束するものであり、有期雇用契約の終了後の更新にあたって、使用者が新たな条件を提示することは可能である。

　そのため、例えば、時給1,200円であったものを、会社の経営状況が芳しくないので、次の契約では時給1,100円として提示をすることは可能である。

2．労働者が提案に応じなかった場合

　上述のとおり、使用者が契約更新にあたって新たな労働条件を提示することは可能であるが、当然、労働者は、それに応じるか否かを選択することができる。労働者が会社の提案に応じれば、新たな有期雇用契約の締結となるが、労働者が会社の提案を断れば、新たな有期雇用契約の締結はなされず、従前の有期雇用契約の期間満了により雇用契約が終了し、雇止めということになる。

　そうした場合、その雇止めの有効性が問題となる。労働者が会社のオファーを受け入れずに雇止めとなったのであるから、当該雇止めは有効であるということも考えられるが、必ずしもそういうことにはならない。例えば、これまでフルタイム勤務で月給40万円であったものが、新たな契約に際して使用者が週２勤務で月給16万円として提示した場合、労働者がそれに応じなかったからといって雇止めがすべて有効であるというのは、一般的な感覚からはおかしいと感じるものと思われる。

　つまりは、ここで問われるのは、使用者がどうして従前の契約とは異なった労働条件を提示したのか、また、その提示内容

に合理的な理由があるのかどうか、という点である。

　使用者が提示した労働条件に合理性があるということになれば、労働者が断って雇止めになったとしても、その雇止めは有効であると評価でき、他方で、合理性がないということになれば、労働者が断って雇止めになった場合、その雇止めは無効になると評価できる。

Q4 年功序列賃金から成果主義賃金に移行する場合の留意点

　今回のコロナ恐慌によって会社の業績が極めて悪化したことから、これを機に、成果主義賃金制度に変更をしたいと考えています。また、賃金原資もこれまでよりも減らしたいと考えています。このような変更をする場合の留意点を教えてください。

A4　賃金原資を減らさない場合と減らす場合とで、就業規則の不利益変更の判断の仕方が異なる。賃金原資を減らさない場合は、従業員間の平等性が確保されているか、評価にあたっての裁量逸脱等を防止する一定の制度的な担保があるかという観点から判断されるのに対し、賃金原資を減らす場合には、高度の必要性が要求され、厳格に判断されることになる。

1．年功序列賃金から成果主義賃金への移行が不利益変更に該当するか

　労契法9条および10条における「不利益」について、これまでの数多くの裁判例は、具体的不利益の生じる可能性が認められれば、不利益と判断していると思われる。

　したがって、年功序列賃金制度から成果主義賃金制度への移行でも、評価によって賃金が下がることがあり得、また、これまでと同様に賃金が上がるとは限らないということになると思われるので、労契法9条および10条における「不利益」には該当することになろう。

　この点、成果主義・能力主義への制度変更の有効性が争われたトライグループ事件（東京地判平成30年2月22日）では、「新給与規程は、旧来の年功序列的な賃金制度を人事考課査定に基づく成果主義・能力主義型の賃金制度に変更するものであり、新給与規程の下では、人事考課査定の結果によっては、旧給与規則の下で支給されていた賃金額から減額された金額が支給される可能性があるから、そのような可能性が存する点において、旧給与規則から新給与規程への変更は、就業規則の不利益変更に当たる」と判示されており、不利益性については、幅広に認められている。

2．賃金原資の増減により何が異なるか

（1）　賃金原資が変わらない、あるいは増える場合

　年功序列賃金制度を成果主義賃金制度に移行するときに、賃金原資が変わらない、あるいは増えるという場合、その趣旨は、賃金原資の配分を合理的なものにするということにある。

つまり、仮にある労働者が賃金が下がった、あるいは、従前と同様には上がらなかったとしても、それはひとえに当該労働者の評価の問題ということになる。そのため、裁判例でも、賃金原資が変わらない、あるいは増える場合には、就業規則の不利益変更の判断基準を緩やかに解して判断する傾向にある。

例えば、前掲トライグループ事件では、「就業規則により、年功序列的な賃金制度を人事評価に基づく成果主義・能力主義型の賃金制度に変更する場合において、当該制度変更の際に、賃金の原資総額が減少する場合と、原資総額は減少せず、労働者全体でみれば、従前と比較して不利益となるわけではなく、個々の労働者の賃金の増額と減額が人事評価の結果として生ずる場合とでは、就業規則変更の合理性の判断枠組みを異にするというべきである。すなわち、賃金原資総額が減少する場合は別として、それが減少しない場合には、個々の労働者の賃金を直接的、現実的に減少させるのは、賃金制度変更の結果そのものというよりも、当該労働者についての人事評価の結果であるから、前記の労働者の不利益の程度及び変更後の就業規則の内容の合理性を判断するに当たっては、給与等級や業務内容等が共通する従業員の間で人事評価の基準や評価の結果に基づく昇給、昇格、降給及び降格の結果についての平等性が確保されているか否か、評価の主体、評価の方法及び評価の基準、評価の開示等について、人事評価における使用者の裁量の逸脱、濫用を防止する一定の制度的な担保がされているか否かなどの事情を総合的に考慮し、就業規則変更の必要性や変更に係る事情等も併せ考慮して判断すべきである」と判示している。なお、ノイズ研究所事件（東京高判平成18年6月22日）も同旨である。

（2） 賃金原資が減る場合

他方で、賃金原資が減る場合には、就業規則の不利益変更の判断基準は厳格に判断されることになる。

大曲市農業協同組合事件（最３小判昭和63年２月16日）は、「特に、賃金、退職金など労働者にとって重要な権利、労働条件に関し実質的な不利益を及ぼす就業規則の作成又は変更については、当該条項がそのような不利益を労働者に法的に受忍させることを許容できるだけの高度の必要性に基づいた合理的な内容のものである場合において、その効力を生ずるものというべきである」としているとおりである。

3 賞与の減額、不支給

Q1 就業規則で賞与支給月を定めている場合

今回のコロナ恐慌によって会社の業績が極めて悪化したことから、例年、基本給の２カ月分程度を支給している賞与を削減したいと考えています。当社の就業規則には、「６月、12月に、賞与を支給することがある」とだけ書かれているのですが、今年の賞与を基本給の１カ月分とすること、あるいは賞与を支給しないとすることはできるのでしょうか？

A1 原則として、可能である。ただし、例外的に、支給実績につき労使慣行が成立している場合には、労働条件の不利益変更の可否の問題になる。

1．賞与とは

　賞与（ボーナス）とは、典型的には、夏季と冬季の2回に分けて、支給対象期間における会社の業績等に基づいて従業員に対して支払われる金員である。

　賞与の趣旨としては、支給対象期間の勤務に対する賃金というものであったり、功労報償的なものであったり、生活補填的なものであったり、将来の労働への意欲向上策などが考えられ、法律上、その内容が規定されているわけではなく、賞与の制度を設けるか否か、設けるとしてどのような内容（支給時期、支給基準）とするかは、会社の裁量に委ねられている。

2．就業規則等における定めによる場合分け

　就業規則や雇用契約（以下、「就業規則等」という）に賞与の算定基準、支給条件、支給内容、支給時期等を具体的に定めたときは、会社は、その規定に従って賞与を支給する義務を負うことになる。他方、就業規則等において、「支給することがある」ということだけ定め、支給額等は、労使交渉や会社による決定を経て確定させるということも可能であり、この場合、就業規則等の定めから直ちに具体的な賞与の内容が定まっているわけではないから、会社が個々の支給額を決定したときに初めて具体的な支払義務を負うことになる。

　したがって、就業規則等に賞与の算定基準等が具体的に定められている場合、その算定基準から算出される金額を下回る賞与額を支給する、またはまったく支給しないことにする場合、それはすでに定まっている労働条件を切り下げることにほかならないので、労働条件の不利益変更の可否の問題となる（後述 I - 3 - Q2 参照）。

他方、就業規則に賞与の算定基準等が具体的に定められていない場合、賞与をいくら支給するのか、またはまったく支給しないのかは、新たにこれから決定する事項であり、労働条件の変更の問題ではない。したがって、労働条件の不利益変更の問題とはならず、裁量の逸脱、濫用とならない限り、会社の判断で支給の有無、多寡を決めることができる。

3．労使慣行が成立している場合

就業規則等に賞与の算定基準等が具体的に定められていない場合でも、従前の賞与の支給実績等から、賞与の支給とその金額について労使慣行が成立しており、これが契約内容となっていると評価される場合がある。その場合、就業規則等で支給基準等が具体的に定められている場合と同様、具体的な労働条件として会社を拘束していることになり、その減額または不支給は労働条件の不利益変更の問題となる。例年2回程度支給していたとしても、毎年、当該年の賞与をどうするかを決めている場合には、仮に毎年支給額が同じになったとしても、労使慣行と評価されるわけではない。

労使慣行が成立する場合は、後述 **I**-**3**-**Q3** 参照。

4．本件の場合

本件では、会社の就業規則に「6月、12月に、賞与を支給することがある」と規定されているだけなので、賞与の算定基準等は具体的に定められていない。

したがって、原則として、賞与を支給しないことや、例年の金額を下回る額を支給することのいずれも可能である。

もっとも、例外的に、賞与の支給額について労使慣行が成立しており、これが契約内容となっていると評価される場合には、労働条件の不利益変更の可否の問題となる。

解　　説

1．賃 金 性

　本件では、就業規則に「6月、12月に、基本給の2カ月分相当分の賞与を支給する」と賞与の具体的金額が定められているので、それが雇用契約の内容となり、会社はその規定に従って賞与を支給する義務を負う。支給条件が、就業規則等により、あらかじめ明確にされているものは、会社に支払義務があり、従業員に権利として保障されているものであるから、労働の対償と認められ、賃金として取り扱われる（昭和22年9月13日基発17号）。したがって、これを減額または不支給とすることは、賃金という基本的な労働条件の不利益変更の問題となる（Ⅰ-③-**Q1**参照）。

2．労働条件の不利益変更の可否

　雇用契約の内容である労働条件を変更するには、原則として従業員との合意が必要となる（労契法8条）。また、就業規則で定める基準に達しない労働条件を合意したとしても、その達しない部分は無効となる（労契法12条）。

　したがって、就業規則で定める労働条件を不利益に変更するときは、就業規則を変更する必要があるが、それに加えて従業員の合意を取得するのが望ましい（労契法9条）。従業員の合意を得ることなく、就業規則を変更することで労働条件を不利益に変更するときは、変更後の就業規則の合理性と従業員に対する周知が必要である（労契法10条）（Ⅰ-2-Q2 参照）。

3．同意を得る場合の注意点

　従業員から同意を得て就業規則を変更する場合、その同意の認定は慎重になされることを留意すべきである。

　山梨県民信用組合事件（最2小判平成28年2月19日）は、「使用者が提示した労働条件の変更が賃金や退職金に関するものである場合には、当該変更を受け入れる旨の労働者の行為があるとしても、労働者が使用者に使用されてその指揮命令に服すべき立場に置かれており、自らの意思決定の基礎となる情報を収集する能力にも限界があることに照らせば、当該行為をもって直ちに労働者の同意があったものとみるのは相当でなく、当該変更に対する労働者の同意の有無についての判断は慎重にされるべきである。そうすると、就業規則に定められた賃金や退職金に関する労働条件の変更に対する労働者の同意の有無については、当該変更を受け入れる旨の労働者の行為の有無だけでなく、当該変更により労働者にもたらされる不利益の内容及び程度、労働者により当該行為がされるに至った経緯及びその態様、当該行為に先立つ労働者への情報提供又は説明の内容等に

照らして、当該行為が労働者の自由な意思に基づいてされたものと認めるに足りる合理的な理由が客観的に存在するか否かという観点からも、判断されるべき」と指摘している。

　すなわち、裁判となった場合には、従業員が自由な意思に基づいて同意したと認めるに足りる合理的な理由が客観的に存在していたかが問われることになる。従業員が当該変更に同意するかどうかを自ら検討、判断するための情報が十分に提供されたかが重要であり、変更の必要性、理由、業績悪化への対応策などについての説明をどのように行うかがポイントになる。会社の業績、今後の見通しなども開示すべきであろう。

4．一方的変更をする場合の注意点

　就業規則の変更で対応する場合、就業規則の変更が、労働者の受ける不利益の程度、労働条件の変更の必要性、変更後の就業規則の内容の相当性、労働組合等の交渉の状況その他の就業規則の変更に係る事情に照らして合理的なものでなければならない（労契法10条）。

　特に、賃金は労働の対償であるから、変更には高度の必要性とその必要性に基づいた内容の相当性があるかが厳格に判断されることになると思われるが、賞与という性質上、基本給と比べればその判断は緩やかにしてもよいのではないかと考える。

Q3 就業規則に定めはないが長年一定額を支給してきた実績がある場合

　今回のコロナ恐慌によって会社の業績が極めて悪化したことから、例年、基本給の2カ月分を支給している賞与を削減したいと考えています。当社の就業規則には、賞与の定めはありませんが、20年近く、このよ

うな取扱いをしています。このような場合、労使慣行に当たるということを耳に挟んだのですが、賞与を基本給の1カ月分とすること、あるいは賞与を支給しないとすることはできるのでしょうか？

A3 会社が例年、その都度検証せずに基本給の2カ月分と決めていたのであれば、労使慣行が成立していると評価される可能性が高く、労働条件の不利益変更の手続きを経る必要がある。

解　説

1．問題の整理

本件では、就業規則に賞与の定めがないので、就業規則から賞与請求権が発生しているものではない（**I**-**3**-**Q1** 参照）。

しかし、「例年、基本給の2カ月分を支給」してきており、その取扱いが20年近くに及んでいることから、労使慣行が成立していないかが問題となる。

2．労使慣行とは

労使慣行とは、労働条件などについて、就業規則などの明文化された根拠はもたないものの、長い間、反復・継続した取扱いが行われ、それが会社と従業員の双方に対して事実上の行為準則として機能することがある場合の当該準則のことをいう。このような労使慣行は、黙示の合意が成立しているとされたり、事実たる慣習と認められたりして（民法92条）、労働契約の内容となることがある。

どのような場合に労使慣行が法的効力をもつかについて、商大八戸ノ里ドライビングスクール事件（大阪高判平成5年6月25日）は、「同種の行為又は事実が一定の範囲において長期間反復継続して行なわれていたこと、労使双方が明示的にこれによることを排除・排斥していないことのほか、当該慣行が労使双方の規範意識によって支えられていることを要し、使用者側においては、当該労働条件についてその内容を決定しうる権限を有している者か、又はその取扱いについて一定の裁量権を有する者が規範意識を有していたことを要する」と判示した。そして、「その慣行が形成されてきた経緯と見直しの経緯を踏まえ、当該労使慣行の性質・内容、合理性、労働協約や就業規則等との関係（当該慣行がこれらの規定に反するものか、それらを補充するものか）、当該慣行の反復継続性の程度（継続期間、時間的間隔、範囲、人数、回数・頻度）、定着の度合い、労使双方の労働協約や就業規則との関係についての意識、その間の対応等諸般の事情を総合的に考慮して決定すべき」とした。

　すなわち、労使慣行に法的効力が認められるためには、単に長年にわたって賞与が支給されてきたというだけでは足りず、一定の基準による賞与の支給が労使双方の規範として意識されていることが必要となる。

　松原交通事件（大阪地判平成9年5月19日）では、賞与の金額等が就業規則等で定められておらず、その時々の労使交渉によって決定されていた事案で、このようにして決定される賞与は、対象期間中の企業の業績等により支給の有無および額が変動することが予定されていることが認められており、従前、前年度実績を下回らない額の賞与が支給されてきたからといって、それだけで直ちに労使慣行の存在を認めることはできないと判示した。

　他方、立命館事件（京都地判平成24年3月29日）では、労使交渉を経て14年間にわたり、「年6.1カ月＋10万円」の賞与を支

給していたところ、使用者が一方的に「年5.1か月＋10万円」に減額したことについて、14年にもわたって当該額を支給額とする労働協約が締結されてきたことに加え、労使交渉の経過等を検討し、労使慣行により、少なくとも6カ月の一時金を支給することが労働契約の内容となっていたと認定した。

3．本件における労使慣行の成否

　本件では、20年近く基本給の2カ月分という金額の賞与を支給し続けてきたものであり、その決定経緯や、その後の労使交渉の有無、内容等にもよるが、金額が固定されてそれが20年間も続いてきたということであるから、労使慣行が成立していると判断される可能性も十分ある。

4．労使慣行の変更

　労使慣行が成立している場合でも、それを変更するには合意による方法が原則となる。

　もっとも、会社からの一方的通知によっても、就業規則による労働条件の不利益変更の場合に準じて、周知と合理性を満たす限り、変更が許される場合がある。

　前出の立命館事件では、「その必要性及び内容の両面からみて、それによって労働者が被ることになる不利益の程度を考慮しても、なお当該労使関係における当該変更の法的規範性を是認することができるだけの合理性を有する必要がある。特に、賃金、退職金など労働者にとって重要な権利、労働条件に関し実質的な不利益を及ぼす労使慣行の変更については、当該変更が、そのような不利益を労働者に法的に受忍させることを許容することができるだけの高度の必要性に基づいた合理的な内容のものである場合において、その効力を生ずるものというべきであり、その合理性の有無は、具体的には、労使慣行の変更によって労働者が被る不利益の程度、使用者側の変更の必要性の

内容・程度、変更後の内容自体の相当性、代償措置その他関連する他の労働条件の改善状況、労働組合等との交渉の経緯、他の労働組合又は他の従業員の対応、同種事項に関する我が国社会における一般的状況等を総合考慮して判断すべきである。」と判示した。

したがって、労働の対償としての賞与を減額又は不支給にする場合、そのような不利益を従業員に法的に受忍させることを許容することができるだけの高度の必要性に基づいた合理的な内容のものである必要がある。

Q4　賞与支給月に在籍しない従業員の取扱い

今回のコロナ恐慌によって会社の業績が極めて悪化しましたが、従業員も頑張ってくれているので、何とか例年どおりの賞与を支給しようと考えています。当社の就業規則には、「6月、12月に賞与を支給することがある」とだけ書かれているのですが、5月の時点で、未消化の有給休暇を取得して7月15日で退職するという従業員がいます。会社としては、賞与は今後も頑張ってくれる従業員に支払いたいので、退職することが確定している従業員には支給しない取扱いとすることはできるのでしょうか？

A4　不支給はできないが、減額とするのは可能。

第1章　雇用維持のために講じる人件費負担軽減策の考え方と進め方

1．賞与の法的性質

賞与の性質については、**I**-**3**-**Q1** 参照。

2．本件へのあてはめ

本件では、就業規則に「6月、12月に、賞与を支給することがある」と規定されているだけなので、支払時期は確定しているものの、いくらを、どのような基準で、いかなる趣旨で支払うかは会社の合理的な裁量に委ねられている。

これから勤務を継続していく従業員と、既に退職を予定している従業員とでは、将来に対する期待には大きな差があり、将来の労働意欲を向上させる趣旨で退職を予定していない従業員にのみ賞与を支給することは、直ちに合理的裁量を逸脱するものではないと解される。

3．注 意 点

もっとも、一般的に賞与の性質は、将来への労働への意欲向上策のみならず、賃金の後払いとしての側面がある以上、将来の労働への意欲向上に資さないことを理由にこれを全額不支給とし、または大幅な金額差を設けて支給することは、合理的な裁量を逸脱しているとして、不法行為に基づく損害賠償請求等がなされるリスクがある。

ベネッセコーポレーション事件（東京地判平成8年6月28日）では、退職予定者はそうでない者に比べて低額の賞与しか得られない内容の規定が就業規則で定められていた事案で、当該規定は公序良俗に反して無効ではないかが争われた。同判決は、賞与額決定の要素として、「当該従業員の実績の外、同人に対する将来の活躍の期待を加味することを前提に、退職予定者につ

いては、後者の点が小さいという点を理由として、これに対する賞与額を非退職予定者と比して低額にする条項を定めることについて検討すると、賞与額決定要素として従業員の将来の活躍に対する期待を加味することには一定の合理性が認められる」としつつも、「しかしながら、他方、賞与の趣旨が基本的に当該従業員の実績に対する評価にあり、賃金としての性質を有する場合に、将来への期待の部分が小さいとの理由で退職予定者に対する賞与額を非退職予定者と比較して僅少な金額に止めることとすれば、それは、将来への期待が小さいことを名目に従業員の賃金を実質的に奪うことになり、労働基準法違反あるいはその趣旨に反することによる民法90条違反の問題を生じることとなる」と指摘し、当該事案においては、将来の期待部分は賞与額の2割とするのが相当と判示した。

本件では、就業規則に「6月、12月に、賞与を支給することがある」としか規定されておらず、金額決定については会社に広い裁量がある設計になっている。したがって、退職予定者への不支給は難しいものの2割程度の減額は可能であろう。

Q5 賞与額の算定における休業日・有給取得日の取扱い

今回のコロナ恐慌によって会社の業績が極めて悪化しましたが、従業員も頑張ってくれているので、何とか例年どおりの賞与を支給しようと考えています。賞与の算定にあたっては、例年、遅刻、早退、欠勤も考慮して算定しておりますが、今回のコロナ恐慌によって緊急事態宣言が出されたこともあり、1カ月間、休業を余儀なくされました。そのため、その休業した日数は勤務していないものとして取り扱うことは可能で

しょうか？

　また、休業の場合には平均賃金の６割の額で休業手当を支給しており、満額の給与がほしいという従業員には有給休暇を消化してもらいました。有給休暇を取得した日数は勤務していないものとして取り扱うことは可能でしょうか？

．．．

A5 　賞与額の算定にあたり、１カ月の休業期間を勤務日数に含めない取扱いは可能と考える。

　これに対して、年次有給休暇を取得した日数を勤務日数に含めない取扱いはできない。

解　　説．．

1．休業の取扱い

　賞与の性質は、支給対象期間の勤務に対する賃金、功労報償、生活補填、将来への労働への意欲向上策など多様な性格を有し、賞与の制度を設けるか否か、設けるとしてどのような内容（支給時期、支給基準)とするかは、会社の裁量に委ねられている。

　本件で、賞与の算定方法が就業規則等であらかじめ規定されている場合、それに従って算定することになる。その場合、コロナウイルスの影響に伴う緊急事態宣言による休業は、確かに従業員の責めに帰すべき事由で休業したわけではなく、これを欠勤と同じ扱いにすることは、従業員の中に不満をもつ者も現れるかもしれない。しかし、勤怠状況を賞与の算定の考慮要素としている趣旨は、従業員の功労の程度を反映させるところにあると考えられることから、休業した場合、会社の業績に貢献

したとはいえない以上、欠勤と同視することは不合理とはいえないと考える。

2．年次有給休暇の取扱い

　労基法附則136条は、「使用者は、第39条第1項から第3項までの規定による有給休暇を取得した労働者に対して、賃金の減額その他不利益な取扱いをしないようにしなければならない」と規定しており、同条違反に罰則はなく、「しないようにしなければならない」という文言から、同条は使用者に努力義務を課したに過ぎないと解されている。

　もっとも、昭和63年1月1日基発1号では、「賞与の額の算定等に際して、年次有給休暇を取得した日を欠勤として、又は欠勤に準じて取り扱うことその他労働基準法上労働者の権利として認められている年次有給休暇の取得を抑制するすべての不利益な取扱いはしないようにしなければならない」ともしており、賞与の査定において、年次有給休暇の取得日数を欠勤扱いにするのは一般的には奨励できない。

　沼津交通事件（最2小判平成5年6月25日）は、問題となる措置の「趣旨、目的、労働者が失う経済的利益の程度、年次有給休暇の取得に対する事実上の抑止力の強弱等諸般の事情を総合して、…同法が労働者に右権利を保障した趣旨を実質的に失わせる」かどうかを検討すべきと判示した。そして、エス・ウント・エー事件（最3小判平成4年2月18日）は、「使用者に対し年次有給休暇の期間について一定の賃金の支払を義務付けている労働基準法39条4項の規定の趣旨からすれば、使用者は、年次休暇の取得日の属する期間に対応する賞与の計算上この日を欠勤として扱うことはできない」と判示し、賞与減額分の支払請求を認めた。

　したがって、賞与の算定の際、年次有給休暇の取得を欠勤扱いとすることは、法的には難しい。

Q6 賞与支給後一定期間内に退職した場合の返還を条件とする賞与支給

今回のコロナ恐慌によって会社の業績が極めて悪化しましたが、従業員も頑張ってくれているので、何とか例年どおりの賞与を支給しようと考えています。当社の就業規則には「6月、12月に、賞与を支給することがある」とだけ書かれているのですが、賞与を支給してすぐに退職されることを防ぎたいので、賞与の支給後3カ月以内に退職した場合には返還することを条件として賞与を支給することはできるでしょうか？

A6 強制労働の禁止（労基法5条）または賠償予定の禁止（労基法16条）に反し、無効とされる可能性が高い。

解　説‥‥‥‥‥‥‥‥‥‥‥‥‥‥‥‥‥‥‥‥‥‥‥‥‥‥‥‥‥‥

1．問題の所在

賞与の支給後3カ月以内に退職した場合にはこれを返還することを条件として支給することは、一度支給された賞与を支給後3カ月以内に退職した場合には返還しなければならないという意味で、退職を踏みとどまらせる要因として作用することになる。本件の会社の狙いも、まさに退職の足止め策として機能させたいというところにある。これは、賞与の返還という経済的な足止め策で、従業員の意に反して労働を強制するものではないかが問題となる。

2. 不当な人身拘束の禁止

　労基法 5 条は、「使用者は、暴行・脅迫・監禁その他精神又は身体の自由を不当に拘束する手段によって労働者の意思に反して労働を強制してはならない」としている。これは、暴行、脅迫、監禁などによる強制労働から労働者を保護するための規定である。この強制労働の禁止違反の行為については、 1 年以上10年以下の懲役または20万円以上300万円以下の罰金という刑罰が規定されており（労基法117条）、これは労基法上最も重い刑罰である。同条でいう「精神又は身体の自由を拘束する手段」とは、精神の作用または身体の行動を何らかの形で妨げられる状態を生じさせる方法をいう。そして、「不当」とは、必ずしも不法なものに限られず、たとえ合法的なものであっても、本条の趣旨、目的に照らし、個々の場合において、具体的な事情を考慮して、社会通念上是認し難い手段を意味する。したがって、暴行、脅迫、監禁のみならず、経済的拘束によって労働者の足止めを図ることも、その態様、程度等によっては同条違反になり得る。

　また、労基法16条では、使用者は、労働契約の不履行について違約金を定め、または損害賠償額を予定する契約をしてはならないとしている。これは、契約期間途中での転職に違約金を課したり、従業員の債務不履行または不法行為につき損害賠償額を予定したりする約定が行われ、それが従業員の足止めに利用されてきたことから、このような拘束的労働慣習から労働者を保護するための規定である。この賠償予定の禁止行為については、 6 カ月以下の懲役または30万円以下の罰金という刑罰が規定されている（労基法119条 1 号）。同条でいう「違約金」、「損害賠償額の予定」とは、債務不履行または不法行為の場合に実損害額の如何にかかわらず支払うべき金額を契約上あらかじめ定めておくものである。

3．裁 判 例

外資系企業におけるサイニングボーナス（ヘッドハンティングした従業員に対して契約開始後直ちに支給した金銭）に、1年以内に自らの意思で退職した場合には返還するとの約定が付された事案（日本ポラロイド事件（東京地判平成15年3月31日））では、サイニングボーナスは、雇用契約締結時に支払われ、成約を確認し、勤労意欲を促すことを目的として交付される性質を有するが、1年以内に自らの意思で退職した場合にはその全額の返還を約することで一定期間会社に拘束されることに対する対価としての性質をも有し、その給付および返還規定は、その性質、態様、本件報酬約定の内容に照らし、従業員の意思に反して労働を強制することになる不当な拘束手段といえるから、労基法5条、16条に反し、返還規定は無効とした。

4．本件の場合

本件の場合、賞与の支給後3カ月以内に退職した場合には返還することを条件とする内容を定めることから、賃金の後払い的性格を有する賞与で、支給日以降3カ月間は会社に拘束させる性質を有することになる。日本ポラロイド事件と比べると、拘束期間は3カ月間と短いが、一般の場合、賞与は月例の賃金とともに年収の一部として生活設計に組み込まれていることから、その返還義務を負うことになる経済的、心理的拘束の度合いは強いと言わざるを得ない。

したがって、本件規定も労基法5条、16条に反し、無効とされる可能性が高いと思われる。

4 手当の削減

Q1 役職手当の切下げ

　今回のコロナ恐慌によって会社の業績が極めて悪化したことから、人件費の削減の一環として、役職手当の金額を切り下げたいと考えています。当社の就業規則には、役職手当について、部長職が10万円、部門長職が7万円、課長職が5万円、係長職が3万円と定めていますが、これらの金額を下げることはできるでしょうか。また、切り下げるにしても何割くらいまでであればできるでしょうか？

A1 就業規則を変更することで可能である。

　何割くらい切り下げられるかは、変更の必要性や内容の相当性等によって変わってくる。

解　説……………………………………………………

1. 変更方法

　就業規則等で諸手当の支給条件や支給基準が具体的に定められている場合には、労基法上の「賃金」に該当する（昭和23年9月13日発基17号）。

　本件では、就業規則で、役職手当について「部長職が10万円、部門長職が7万円、課長職が5万円、係長職が3万円」と規定されていることから、この金額を切り下げる場合、従業員から

個別の同意を得るだけでは足りず、就業規則を変更する必要がある。就業規則を変更しないと、仮に従業員から切下げの同意を得ても、それは、就業規則で定める基準に達しない労働条件を定めたものであり、その達しない部分は無効となるからである（労契法12条）。

　就業規則を変更することで労働契約の内容を労働者の不利益に変更する場合、当該変更につき、従業員の合意を得るのが望ましい（労契法9条）。

　もっとも、従業員との個別の合意がなければ一切減額できないというわけではなく、変更後の就業規則を周知し、その変更が合理的なものであれば、労働条件を不利益に変更することが可能である（労契法10条）（Ⅰ-②-Q2 参照）。

2．実務上の対応

　就業規則を変更する場合、就業規則の変更が、労働者の受ける不利益の程度、労働条件の変更の必要性、変更後の就業規則の内容の相当性、労働組合等の交渉の状況その他の就業規則の変更に係る事情に照らして合理的なものでなければならない（労契法10条）。

　特に、賃金は労働の対償であり、従業員はそれで生活を設計するものであるから、労働条件の中でも最も重要な事項であり、それを減額することは従業員にとって大きな不利益と評される。そこで、賃金の減額を実行する際には、そのような不利益を従業員に法的に受忍させることを許容できるだけの高度の必要性とその必要性に基づいた内容の相当性があるかが厳格に判断されることになる（第四銀行事件（最2小判平成9年2月28日））。

　そこでまず、全社員向け説明会を複数回実施、変更に至る経緯、変更の必要性、変更内容等を具体的に説明し、従業員からの質疑に応じるなどしつつ、疑問や反対の意見に耳を傾け、必

要に応じて低下する手当に対応した調整措置を講じるなどの激変緩和策も検討し、可能な限り、就業規則の変更に対する個別の同意を徴求すべきである。

その結果、全従業員からの同意が得られればそれに越したことはないし、仮に全従業員からの同意が得られなくても、大多数の従業員から同意を得ているという状況になれば、そのことが変更の合理性を支える大きな事情となる。

3．相当性の判断

就業規則で賃金を不利益に変更する場合、その変更の必要性について厳格に判断されることは前述のとおりである。

もっとも、企業の業績が悪化して経営難となった場合、企業は費用の支出を抑制することを検討せざるを得ない。業績悪化によって会社が倒産してしまっては、賃金減額どころか従業員たる地位が失われる不利益を被るのであり、それに比べれば賃金減額もやむを得ない。

みちのく銀行事件（最1小判平成12年9月7日）も、「企業においては、社会情勢や当該企業を取り巻く経営環境等の変化に伴い、企業体質の改善や経営の一層の効率化、合理化をする必要に迫られ、その結果、賃金の低下を含む労働条件の変更をせざるを得ない事態となることがあることはいうまでもなく、そのような就業規則の変更も、やむを得ない合理的なものとしてその効力を認めるべきときもあり得るところである。特に、当該企業の存続自体が危ぶまれたり、経営危機による雇用調整が予想されるなどといった状況にあるときは、労働条件の変更による人件費抑制の必要性が極度に高い上、労働者の被る不利益という観点からみても、失職したときのことを思えばなお受忍すべきものと判断せざるを得ないことがあるので、各事情の総合考慮の結果次第では、変更の合理性があると評価することができる場合があるといわなければならない」と指摘している。

会社としては、費用の支出を抑制する必要性と抑制すべき金額を基礎づける事実を客観的に説明できるようにしなければならない。有り体に言えば、「いくら」を「どうして削減する必要があるのか」について、である。そして、削減すべき費用のうち、なぜ人件費を、さらには、人件費の中でもなぜ役職手当を削減すべきなのかを説明できるようにする必要があろう。

４．削減幅

　役職手当をどれくらい減額できるかについても、不利益の程度との関係で、減額の必要性がどの程度あるのかとの相関関係で判断されることになる。

Q2　家族手当の切下げ

　今回のコロナ恐慌によって会社の業績が極めて悪化したことから、人件費の削減の一環として、家族手当の金額を切り下げる、あるいは廃止したいと考えています。当社の就業規則には、家族手当について、被扶養者として、配偶者は月額5,000円、18歳未満の子は月額3,000円、65歳以上の父母は月額2,000円と定めていますが、これらの金額を切り下げることはできるでしょうか？　また、家族手当を廃止することはできるでしょうか？

・・・

A2　就業規則を変更することで可能である。

　基本給や業務関連手当に比べれば、変更の必要性として高度なものは要求されないと考えてよい。

1．家族手当とは

　家族手当とは、一般的には、家族を扶養する従業員に対して、その生活を補助するために支給されるものである。昭和22年11月5日基発231号では、「扶養家族数又はこれを基礎とする家族手当額を基準として算出した手当」とされている。

　本件は、家族手当の支給基準と具体的な金額が就業規則で定められているので、労基法上の「賃金」に該当する。

2．変更方法および実務上の対応

　就業規則で定められている「賃金」としての家族手当を減額または廃止するには、前述のとおり（**Ⅰ**-**4**-**Q1**参照）、就業規則を変更する必要がある。

　賃金は、従業員にとって重要な権利であり、これに不利益を及ぼす就業規則の変更については、「そのような不利益を従業員に法的に受忍させることを許容することができるだけの高度の必要性に基づいた合理的な内容」でなければならず（前出第四銀行事件判決）、賃金を減額ないし不支給とするには、高度の必要性と内容の相当性が必要になるが、家族手当は、家族を扶養する従業員にだけ支給される生活補助が趣旨であり、労働の対価そのものではない。支給される対象が一部であること、業務との関連性が希薄であることから、基本給を減額する場合に比べれば、従業員に与える不利益は小さいといえよう。

　もっとも、長年にわたり家族手当が支給されている従業員は、家族手当が支給されることを前提に生活を設計していると考えられ、その廃止または大幅な減額が与える不利益の程度は決して小さくない。

　したがって、減額を段階的に行うなどの激変緩和措置を講ず

れば、家族手当を廃止、あるいは減額とすることも十分可能と考える。

Q3　住宅手当の切下げ

　今回のコロナ恐慌によって会社の業績が極めて悪化したことから、人件費の削減の一環として、住宅手当の金額を切り下げる、あるいは廃止したいと考えています。当社の就業規則には、住宅手当について、賃貸住宅に居住する従業員に対して、家賃が5万円～10万円未満の場合は月額2万円、家賃が10万円以上の場合は月額3万円と定めていますが、これらの金額を切り下げることはできるでしょうか？　また、住宅手当を廃止することはできるでしょうか？

A3　就業規則を変更することで可能である。

　廃止するのであれば、経過措置は講ずるべきであろう。

解　説

1. 住宅手当とは

　住宅手当とは、従業員が居住する住宅に要する費用の全部または一部を補助するために支払われるものである。

　本件は、住宅手当の支給基準と具体的な金額が就業規則で定められているので、労基法上の「賃金」に該当する。

2．変更方法および実務上の対応

　したがって、家族手当の項で述べたとおり（I-4-Q2参照）、従業員の合意によって就業規則を変更するか（労契法9条）、または周知と合理性を満たす形で就業規則を一方的に変更する方法による（労契法10条）ことになるが、一方的変更によって減額ないし不支給とするには、高度の必要性と内容の相当性が必要になる。

　経営状況が厳しくコスト削減の高度の必要性がある場合には、住宅手当が賃貸住宅に居住する者に対してのみ支給される生活補助という趣旨であり、労働の対価そのものではないことから、基本給を減額する場合に比べれば、従業員に与える不利益は小さいといえよう。

　もっとも、長年にわたり住宅手当が支給されている従業員は、住宅手当が支給されることを前提に生活を設計していると考えられ、その廃止または大幅な減額が与える不利益の程度は決して小さくない。

　したがって、これから入社する社員については住居手当を廃止し、現存の従業員については、減額を段階的に行うなどの激変緩和措置を講ずるべきである。

Q4　通勤手当の切下げ

　今回のコロナ恐慌によって会社の業績が極めて悪化したことから、人件費の削減の一環として、通勤手当の金額を切り下げる、あるいは廃止したいと考えています。当社の就業規則には、通勤手当について、非課税限度額の範囲内で、通勤に要する実費相当額を支給すると定めていますが、これを実費相当額の8割とす

るなど、金額を切り下げることはできるでしょうか？
また、通勤手当を廃止することはできるでしょうか？

A4 就業規則を変更することで可能である。
　通勤に要する費用は労務の提供のための費用であり、本来は従業員が負担すべきものであることから、2割程度の減額は認められるであろう。

解　説・・

1．通勤手当とは

　通勤手当は、従業員の通勤距離または通勤に要する費用に応じて支給するものである。

　本件は、通勤手当の支給基準と具体的な金額が就業規則で定められているので、労基法上の「賃金」に該当する。

2．変更方法および実務上の対応

　賃金は従業員にとって重要な権利であるが、通勤に要する費用は、本来は従業員が負担すべきものであり（民法484条参照）、労働の対価そのものでもないことから、基本給を減額する場合に比べれば、従業員に与える不利益の程度は小さいといえる。本件の場合、実費相当額の8割とするのは、減額幅としてもさほど大きくなく、不利益の程度は小さい。

　したがって、経費削減の必要性があれば変更の合理性は比較的肯定されやすいと考えられる。経営状況が厳しく倒産必至というほどの必要性があるのであれば尚更である。

　もっとも、就業規則に定められた賃金である以上、段階的に

減額させていくなどの激変緩和措置を検討したほうがよいことは他の手当を削減する場合と同様である。

3. 留 意 点

　通勤手当、扶養手当、住宅手当の減額が問題となった裁判例としては、公共社会福祉事業協会事件（大阪地判平成12年8月25日）がある。

　この事件では、使用者は、大阪府ないし東大阪市から委託を受けて保育所の経営を行ってきたが、その経営は大阪府および東大阪市からの補助金に大きく依存しており、一方、支出の約75％以上は人件費であり、大阪府および東大阪市の財政状態からして、到底、従前のような負担を継続していくことができず、使用者として人件費の削減が急務であることを指摘して人件費削減の必要性は肯定したものの、手当の額は使用者にとって大きな額ではなく、削減にさほど貢献せず、他方、従業員にとっては実費を含むうえ、少なくない額であるなどと指摘し、変更の合理性を否定した。

　この事件の使用者は新たに設立された法人で、事業譲渡に伴い雇用関係も引き継ぎ、使用者は新たな就業規則を設け適用を開始した。ところが、設立前に従業員らによって結成された労働組合との交渉により、労働条件等の当面遵守、変更の場合の事前協議等の協定が成立しており、その後、従業員は基本給については新就業規則の適用について合意したものの、通勤手当、扶養手当、住宅手当については合意していない状況で、使用者側が一方的にこれらについても新就業規則の適用を開始したという事情があったため、このような交渉経過等が勘案されたものと考えられ、事例的な意味合いしかないと評価できる。

今回のコロナ恐慌によって会社の業績が極めて悪化したことから、人件費の削減の一環として、地域手当の金額を切り下げる、あるいは廃止したいと考えています。当社の就業規則には、地域手当について、地域ごとに金額を定めていますが、その金額を切り下げることはできるでしょうか？ また、地域手当を廃止することはできるでしょうか？

A5 就業規則を変更することで可能である。

基本給や業務関連手当ではないことから、経過措置を講じることで適法とされる余地は十分にある。賃金の不利益変更となるため、変更手続を慎重に進める必要がある。

解　説・・・

1．地域手当とは

地域手当とは、一般的には、賃金の地域間格差を解消、調整するために支払われる手当である。

本件では、地域手当について、地域ごとに金額を定めていることから、労基法上の「賃金」に該当する。

2．変更方法および実務上の対応

地域間格差の解消、調整という地域手当の趣旨からすると、地域の物価水準等に応じて、これを見直し、地域間格差に即し

た形で減額する場合は、変更の合理性は肯定されやすいと考えられる。

　もっとも、コストの削減を目的として一律に減額または廃止とする場合、目的達成のための手段の合理性が問われることになる。特に、地域手当を廃止するということは、調整したはずの地域間格差を格差のある状態に戻すということになり、そのような取扱いを是認させるだけの合理性が要求されることになると思われる。

　そこで、段階的に減額させていくなどの激変緩和措置を検討し、労働組合や従業員からの意見聴取を丁寧に行い、利益調整を図ったうえで実施すべきである。

3. 留 意 点

　地域手当の減額が問題となった裁判例としては、池添産業事件（大阪地判平成11年1月27日）がある。

　このケースでは、使用者が従業員からの意見聴取をせずに地域手当を8万5,000円から5万円に減額したが、基本給が9万円余りと低廉で地域手当は賃金の少なからぬ部分を占めていたことから、裁判所は従業員の負担は相当大きいものだと指摘し、従業員から意見を聴取することなく賃金改定を強行したことなども考慮し、会社には単なる一般的な窮状という以上に、賃金改定の具体的な必要性や妥当性が明らかではないとして、変更の合理性を否定した。賃金総額に占める割合からすると従業員が被る不利益が多かったことと、従業員からの意見聴取を経ていない点が大きくマイナスに作用したものと考えられる。

　今回のコロナ恐慌によって会社の業績が極めて悪化したことから、人件費の削減の一環として、精勤手当の金額を切り下げる、あるいは廃止したいと考えています。当社の就業規則には、精勤手当について、1カ月間、遅刻、早退、欠勤がない場合に月額1万円を支給すると定めていますが、その金額を切り下げることはできるでしょうか？　また、精勤手当を廃止することはできるでしょうか？

A6　就業規則を変更することで可能である。

　もっとも、精勤手当は労務提供に対する対価としての側面をもっているので、高度の合理性が必要となろう。

解　説

1．精勤手当とは

　精勤手当とは、所定労働日を皆勤することを条件に功労報償として支給されるものである。

　本件は、精勤手当の支給基準と具体的な金額が就業規則で定められているので、労基法上の「賃金」に該当する。

2．変更方法および実務上の対応

　賃金は、従業員にとって重要な権利であり、これに不利益を及ぼす就業規則の変更については、「賃金という労働者にとっ

て重要な労働条件に関するものであるから、本件就業規則の変更は、これを受忍させることを許容することができるだけの高度の必要性に基づいた合理的な内容のもの」でなければならない（前出第四銀行判決）。

精勤手当は皆勤して労務を提供したことに対する功労報償であり、労務提供に対する対価としての側面を有することから、上記判例が指摘するとおり、その減額または廃止の就業規則の不利益変更については、高度の必要性と内容の相当性が必要になると考えられる。

したがって経営状況が厳しくコスト削減の高度の必要性がある場合には、功労報償が趣旨であることから、基本給を減額する場合に比べれば、従業員に与える不利益は小さいとも考えられるが、就業規則に定められた賃金である以上、段階的に減額させていくなどの激変緩和措置を検討し、労働組合や従業員からの意見聴取を丁寧に行い、利益調整を図ったうえで実施すべきである。倒産必至の状況であればいきなり廃止とすることもあり得るが、そこまで至らない場合は激変緩和措置を講ずるのが無難である。

Q7 単身赴任手当の切下げ

今回のコロナ恐慌によって会社の業績が極めて悪化したことから、人件費の削減の一環として、単身赴任手当の金額を切り下げる、あるいは廃止したいと考えています。当社の就業規則には、単身赴任手当について、月額３万円を支給すると定めていますが、その金額を切り下げることはできるでしょうか？　また、単身赴任手当を廃止することはできるでしょうか？

第1章　雇用維持のために講じる人件費負担軽減策の考え方と進め方

A7 就業規則を変更することで可能である。
基本給や業務関連手当ではないことから経過措置を
講じることで適法とされる余地は十分にある。

解　説‥‥‥‥‥‥‥‥‥‥‥‥‥‥‥‥‥‥‥‥‥‥‥‥‥‥‥‥‥‥

1．単身赴任手当とは

　単身赴任手当とは、転勤等に伴い、同居の家族と別居して単身で生活することになった従業員に対して支給する手当である。家族内で生活の本拠が分かれることによる家計の負担増などの生活上の不利益に対する補填や、従業員間の実質的な公平感を保つことなどを趣旨とするものと解される。

　本件は、単身赴任手当の具体的な金額が就業規則で定められているので、労基法上の「賃金」に該当する。

2．変更方法および実務上の対応

　コスト削減を目的として単身赴任手当を減額または不支給とする場合、目的達成のための手段の合理性が問われることになる。つまり、単身赴任手当の削減または不支給でコスト削減を実現するということは、転勤等の対象者という特定の従業員にのみ不利益を課すという側面があり、そのような取扱いを是認させるだけの合理性が要求されることになると思われる。他方で業務とは関係のない手当であることから、経過措置を講じることで不利益を緩和できれば、適法となる余地は十分ある。

解　説……………………………………………………………

1．固定残業代とは

　固定残業代とは、時間外労働、休日および深夜労働に対する割増賃金として、あらかじめ一定の割増賃金（下記）を支払うことが求められているところ（労基法37条）、会社が、この計算方法による割増賃金を支払う代わりに、定額の手当を支給する取扱いをするものである。

> ・1カ月の合計が60時間までの時間外労働および午後10時～午前5時までの深夜労働：2割5分以上の率
> ・1カ月の合計が60時間を超えた時間外労働を行わせた場合の60時間を超える時間外労働：5割以上の率

・休日労働：３割５分以上の率

２．変更方法および実務上の対応

　この固定残業代は、通常は、その金額に相当する時間外労働等が行われなくても一定の金額を支払う賃金なので、賃金の減額である以上、その変更にあたっては高度の必要性が求められる。

　業績悪化による経営不振に加えて、その背景に新型コロナウイルスの影響等から残業をさせることがほとんどないということであれば、一般的な経費削減の必要性に加えて、その対象として固定残業代を削減する合理性は肯定されると思われる。

　また、固定残業代は、時間外労働等が発生していなかった場合でも支給するものであり、事実上の利益を享受しているに過ぎないとも評価できる。

　もっとも、本件の場合、固定残業代は月額５万円とされており、基本給の額にもよるが決して小さいとはいえないことから、減額を段階的に行うなどの激変緩和措置を講じることも検討したほうがよいであろう。

５　退職金の減額、不支給

Q1　自社退職金制度の廃止・減額

　今回のコロナ恐慌によって会社の業績が極めて悪化したことから、人件費の削減の一環として、退職金を廃止あるいは減額したいと考えています。当社の場合、自社退職金制度を取っておりますが、退職金を廃止あるいは減額することはできるでしょうか？

A1 就業規則（退職金規程）に定められた退職金制度自体を廃止し、あるいはその支給水準を下げることは可能である。ただし、就業規則の不利益変更の問題となるので、法的に認められるためのハードルは高い。退職金制度の廃止・変更の必要性や不利益緩和措置等の検討を行い、就業規則（退職金規程）の変更につき、まずは既存従業員から同意の取得を試みるべきである。

　なお、すでに退職している受給者の退職年金の給付を廃止・減額することができるか否かについては、就業規則（退職年金規程）や通知書等の定め方による。

解　説 ……………………………………………………………………

1．退職金の性格

　退職金は、通常、算定基礎賃金に勤続年数別の支給率を乗じて算定されるため、一般に「賃金の後払い」と性格づけられているが、他方において功労報償的性格をも有している（算定基礎賃金は退職時の基本給とされることが多く、支給率は、通例、勤続年数に応じて逓増していくため）といわれている。

2．従業員との合意

　退職金規程等に定められた退職金制度を変更して退職金を廃止または変更することは、就業規則の不利益変更に該当する。就業規則の不利益変更は、従業員との合意により行うことができるが、その合意について、山梨県民信用組合事件（最2小判平成28年2月19日）は、「当該変更により労働者にもたらされる

第1章　雇用維持のために講じる人件費負担軽減策の考え方と進め方

不利益の内容及び程度、労働者により当該行為がされるに至った経緯及びその態様、当該行為に先立つ労働者への情報提供又は説明の内容等に照らして、当該行為が労働者の自由な意思に基づいてされたものと認めるに足りる合理的な理由が客観的に存在するか否かという観点からも、判断されるべき」と判示した。

　したがって、退職金制度変更の必要性や変更の内容を検討し、従業員に対して十分な説明と情報提供を尽くしたうえで、従業員の合意を取得するよう努めるべきである。

3. 就業規則（退職金規程）の変更による退職金の廃止または減額

　就業規則の変更につき全従業員と合意できなかったとしても、その変更が合理的なものであって、従業員に対して変更後の就業規則を周知させている場合には、それを新たな労働条件とすることができる。退職金のように、従業員にとって重要な労働条件について就業規則を不利益に変更する場合には、高度の必要性に基づいた合理的な内容であることが求められ、その合理性は、従業員の受ける不利益の程度、労働条件の変更の必要性、変更後の就業規則の内容の相当性、労働組合等との交渉の状況その他の就業規則の変更に係る事情に照らして判断される（労契法10条）。

　したがって、就業規則（退職金規程）に定められた退職金制度を廃止し、あるいは支給水準を変更して退職金支給額を減額する場合には、客観的な資料に基づき、会社の経営状況や退職金支給額の見込み等を把握し、退職金制度変更の必要性、制度変更により従業員の受ける不利益およびその程度、業界水準（同業他社との比較）、経過措置等による不利益緩和措置、定年後再雇用制度等による代償措置等を検討する必要がある。退職金については、企業によってはポイント制の積上げ方式をとっ

ているところもあり、減額にしても、廃止にしても、それまで
に潜在的に権利を取得している部分について、それをもまった
く補償しないというのは難しく、何らかの措置（その時点で前
払いで支払う、将来部分のみを変更するなど）が必要である。

　従業員の大多数から同意が取れた事実や、組合と合意し、あ
るいは真摯に協議した事実は、就業規則変更の合理性を推認さ
せる事情になるため、従業員全員の合意が取れなくとも、可能
な限りその取得を試みることが重要である。

4．経営状態の悪化により個別に退職金を廃止・減額でき るとする定め

　ドラール事件（札幌地判平成14年2月15日）では、「周囲の情
勢及び会社の経営状態に著しい変化が生じたときは、退職金を
支給するか否か及び支給額につき、別途取締役会において個別
決定する」旨の規定を追加した退職金規程の効力が争われた事
案である。

　同判決は、「退職者数及び退職金支給額の見込みや、収益の改
善のために他にどのような対策があり、退職金支給額の圧縮が
避けられないものか否かについて、具体的にどのような検討を
したのか明らかではなく、したがって、退職金支給額の圧縮が
収益の改善のために必要不可欠の措置といえると証拠上認める
ことはできない」としたうえで、「従前の退職金規定によれば勤
続年数と支給率に応じて一定額に定められていた退職金の金額
を減額し、場合によっては不支給とすることが可能となるこ
と」、「現実に、変更後の退職金規定に基づき、原告他1名につ
いて退職金を支給しない旨の決定がされていること」、それが
「恣意的ともいうべき従業員間の不平等を招来する結果となっ
ていること」等から、「従業員が被った不利益は甚大である」と
し、加えて、「従業員が被る上記不利益に対する代償措置やこれ
を緩和する措置を設けたり、関連する他の労働条件を改善した

ことを認めるに足りる証拠はな」く、さらに、「従業員の過半数
で組織する労働組合又は従業員の過半数を代表する者の意見を
聴取したと認めるに足りる証拠はない」としてその合理性を否
定し、退職金の廃止・減額条項の効力を認めなかった。

　同判決の特質は、取締役会の個別決定により特定の者の退職
金を決定する点にあり、退職金の支給基準等を変更するような
一般的な退職金規程の不利益変更のケースとはやや事案を異に
する。退職金の一性格とされている功労を減殺するような事情
（懲戒事由等）がある場合（三晃社事件（最２小判昭和52年８月
９日））とは異なり、業績の悪化を理由として、支給基準の明確
な退職金につきその支給を廃止・減額とすることは、上述した
賃金の後払い性格に鑑みても、合理性が認められない可能性が
高いと考えられる。

5．受給者に対する退職年金の減額・打切り

　自社年金の受給者減額等を直接規制する法令は存在しないた
め、減額等の是非は、就業規則（退職年金規程）や通知書等の
契約解釈によって判断される。

　幸福銀行（年金減額）事件（大阪地判平成10年４月13日）で
は、年金の支給開始時に交付された「年金通知書」の表面に、
年金規程による額に上積みがされた支給額（および終身支給で
ある旨）の記載があり、裏面に「年金は経済情勢及び社会保障
制度などに著しい変動、又は銀行の都合により之を改訂するこ
とがあります。（原文ママ）」との不動文字が印刷されていた事
案で、裏面の記載を減額の根拠とし、就業規則の不利益変更に
類似した枠組みを用いて、上積み分の廃止を有効と判断した。

　就業規則の不利益変更が合理的な範囲で認められるのは、長
期雇用慣行の下で労働条件変更に反対する従業員を簡単に解雇
できないことのいわば代償措置であるというのが一般的な説明
であるため、もはや雇用関係にない退職者の年金受給につき同

枠組みを用いることには疑問を呈する見解もあるが、退職者も元は従業員であり、在職中に適用されていた就業規則（退職年金規程）のうち退職後も適用されることが想定される部分については引き続き退職者の規範となり得ることに鑑みると、就業規則の不利益変更に関する判断と同様、変更の必要性、退職者の不利益の程度等を総合考慮して、合理性が認められる場合には減額等もできると考えてよいと思われる。

Q2 中小企業退職金共済制度の掛金減額・拠出中止

今回のコロナ恐慌によって会社の業績が極めて悪化したことから、人件費の削減の一環として、退職金を廃止あるいは減額したいと考えています。当社の場合、中小企業退職金共済制度（以下、「中退共」という）に加入しており、1年以上勤続する従業員には月額1万円の掛金を掛けていますが、今後、この掛金の金額を減額すること、あるいは今後拠出しないこととすることはできるのでしょうか？

A2 一度定めた掛金の金額を減額し、あるいは今後拠出しないとする場合には、中退共の手続き上、掛金の減額ないし退職金共済契約解除についての当該従業員の個別の同意（申込書ないし解除通知書への押印または署名）が必要である。もっとも、新型コロナウイルス感染症の影響による掛金納付期限延長制度の利用も検討する余地がある。

1. 掛金の減額

　掛金月額を減額する場合は、従業員の同意（申込書への押印または署名）が必要である。従業員の同意が得られないときは、現在の掛金月額を継続することが著しく困難である旨の厚生労働大臣の認定書が必要となる。

　なお、厚生労働大臣の認定書は、厚生労働省（船員法の適用を受ける船員の場合は、地方運輸局長）へ文書で申請する（申請用紙は中退共本部にも備え付けられている）。

> 【申請先】厚生労働省雇用環境・均等局勤労者生活課
> 〒100-8916　東京都千代田区霞ヶ関1-2-2
> TEL　03-5253-1111（代）

　減額する場合の手続きとしては、「退職金共済手帳」の1枚目の「掛金月額変更申込書」に必要事項を記入・押印または署名し、減額したい月の前月15日（例：4月分の掛金から減額したい場合は3月15日）までに、封書にて《中退共本部保全課》へ送付する。掛金月額が減額されると、新たな月額を表示した「退職金共済手帳」が送られてくるので、「退職金共済契約関係書類綴」にファイルされている「退職金共済手帳」の1枚目と差し替えておく。

> 【送付先】独立行政法人 勤労者退職金共済機構　中退共本
> 　　　　　部　保全課
> 〒170-8055　東京都豊島区東池袋1-24-1

なお、掛金の減額は労働条件の不利益変更に該当するため、掛金の月額を就業規則等に定めている場合には、これらの変更が必要となる。

２．掛金拠出の中止

　掛金を未納とする正当な理由は、①被共済者がその月の所定労働日の２分の１を超えて欠勤または休職したとき、および②事業主の責めに帰することができない事情で掛金を納付することができなかったときに限られ、未納正当理由申立書を提出することにより、掛金を未納にすることができるとされている。

　②の「事業主の責めに帰することができない事情」としては、災害がこれに当たるとされ、経営不振・資金難はこれに該当しないとされている。したがって、どうしても掛金の納付が難しい場合には、当該従業員の同意を得て、退職金共済契約を解除（解約）することにより対応することとなる。同意を得られない場合に厚生労働大臣の認定申請を行う必要がある点は、減額の場合と同様である。

　なお、解約すると従業員に解約手当金が支払われるが、その額は掛金助成相当額または解約手当金額の３割のいずれか少ない額が減額されたものとなり、解約手当金を受給した際には従業員の一時所得となることに注意が必要である。解約後に掛金納付を再開することはできず、再び掛金を納付したい場合には、改めて申込みのうえ、一から積み立てることとなる。

　また、退職金共済制度の利用について就業規則等に定めている場合には、その内容が会社と従業員間の労働条件となる。したがって、同規則等に退職金共済契約を解除できる等の定めがない場合にはこれを規定しておくか、退職金共済制度に関する規定そのものを削除する等の変更が必要となる。

3．掛金納付期限延長の申出

　この度の新型コロナウイルス感染症の影響を受け、中退共では、掛金の納付期限を最大1年間延長することとし、その申出を受け付けている。

　令和2年10月15日現在の対象事業者や延長期間等は以下のとおりである（中退共ホームページより）。

　申出の対象について

　新型コロナウイルス感染症の影響を受けて、業況が悪化したことにより最近1カ月の売上高が前年または前々年同期と比較して5％以上減少している共済契約者が対象です。

　納付期限の延長期間について

　令和2年6月分から令和3年5月分までの掛金について、最大1年間納付期限を延長することができます。

　申出期日について

　納付期限の延長を開始する月の前月25日(必着)。申出から遡った月分について延長することはできません。

　後納による割増金について

　申出により納付期限を延長した月分の掛金について、延長後の期間から1年以内（令和2年6月分から令和3年5月分までについて、それぞれ令和3年6月から令和4年5月まで）に納付された場合には後納割増金は生じません。

　掛金の減額ないし退職金共済契約の解除に際しては、中退共での手続き上、従業員の同意ないし厚生労働大臣の認定が必要である。

　この厚生労働大臣の認定を受ける前提として（これらが上記**1．**および**2．**で述べた就業規則の変更を伴う場合には、その合理性を基礎付けるためにも）、会社として、自らが掛金納付期限延長の対象事業者となるか、また、この適用を受けるべきかの検討については経ておくべきであろう。

掛 金 納 付 延 長 申 出 書

（新型コロナウイルス感染症関係）

新型コロナウイルス感染症の影響により、最近1か月の売上高が5％以上減少しており、掛金納付
期限の延長が必要となりましたので申し出ます。

提出日　令和2 年　 5 月 15 日

共済契約者番号　| 5 0 | － | 9 8 7 6 5 |

住　　　　　　所　　東京都港区大芝1丁目1番1号

共済契約者　　氏 名 又 は 名 称　　**株式会社　中退共製作所**　㊞押印

電　　　　　　話　　03 － 6907 － 1234

*日中連絡の取れる電話番号の記載をお願いいたします。

ご 担 当 者 様

独立行政法人勤労者退職金共済機構
　中小企業退職金共済事業本部　殿

記

納付延長年月 | R | 0 2 | 年 | 0 6 | 月分から | R | 0 3 | 年 | 0 5 | 月分まで

例）令和2年6月の場合　　0 2　　　　0 6　　と記入

	年　月	金　額	減少率
最近1か月の売上高	R2 年　　4 月	90万 円	10 %
前年（前々年）同期の売上高	H31 年　　4 月	100万 円	

(注) 1　新型コロナウイルス感染症の影響により掛金を納付することができないときは、この用紙
　　　に必要事項を記入・押印のうえ、**郵送またはFAX（03-5955-8217）**にて延長開始の前月の
　　　25日（必着）までに**契約業務部収納課**に提出してください。

　　2　納付再開が可能などの理由で納付延長年月の終了年月を変更されるときは、事前にご連絡
　　　ください。

　　3　後日、機構から根拠資料の提出をお願いする場合がありますのであらかじめご了承ください。

　　4　延長できる期間は令和3年5月までとなります。また、すでに納付済みの掛金に対して、
　　　遡って申し出ることはできません。

(2020.04)

第1章　雇用維持のために講じる人件費負担軽減策の考え方と進め方

Ⅱ 労働条件の変更—賃金以外

1　一時帰休・ワークシェアリング

Q1　就業時間短縮、就業日数削減による賃金減額

　今回のコロナ恐慌によって会社の業績が極めて悪化したこと、また、仕事量も従前と比べて落ち込んだこと等から、就業時間、就業日数を短くして、その分賃金を減額したいと考えています。

　当社の就業規則では、所定労働時間を8時間、休日は土日と定めておりますが、就業時間を6時間に変更し、基本給額も8分の6に切り下げることはできるでしょうか。また、就業時間はそのままにして、就業日数を5日から4日に変更し、基本給額も5分の4に切り下げることはできるでしょうか？

A1　
　基本給の額が個別の合意により定まっている場合（例えば、給与規程に、「従業員の基本給は、職務の内容……等を考慮して各人別に決定する」と規定されているような場合）には、基本給を変更する場合についても各従業員との個別の合意による必要があり、所

定労働時間および所定休日を変更したからといって、基本給の額を一方的に切り下げることはできない。他方、就業規則において、所定労働時間および所定休日のみならず、基本給の額も具体的に定められている場合（例えば、給与規程に、「従業員の基本給は、等級と号俸により、添付のとおり定める」とあり、給与の表がある場合）には、就業規則の不利益変更に関する要件を備えている限り、就業規則の変更により基本給の額を一方的に切り下げることができる。もっとも、その検討は慎重に行うべきであり、就業規則の変更を行う場合においても、各従業員の個別の同意を取っておくことが望ましい。

解　説 ┄┄┄┄┄┄┄┄┄┄┄┄┄┄┄┄┄┄┄┄┄┄┄┄┄┄┄┄┄┄┄┄┄

1. 就業規則の変更では切り下げられないケース

　基本給が就業規則において具体的に定められておらず、個別の合意によって定まっている場合や、就業規則に定めが置かれている場合であっても、会社が従業員との間で同規則と異なる合意をしている場合には、当該従業員との個別の合意なくして基本給を切り下げることはできない。

　また、就業時間および就業日数、基本給に関する労働協約がある場合にも、当該労働協約の効力が及ぶ従業員（原則として当該労働協約を締結した組合の組合員のみであるが、組合に4分の3以上の従業員が加入している場合には、全従業員にその効力が及ぶ）につき、就業規則の変更によりその労働条件を変更することはできないため、労働協約の変更が必要となる。

第1章　雇用維持のために講じる人件費負担軽減策の考え方と進め方

２．就業規則の不利益変更（労契法９条、10条）による場合

　本件のような変更は、労働時間が減少するという点で労働者に有利であり、時間当たりの賃金額は変わらないが、賃金の総支給額が減少することから、労働条件の不利益変更に該当する。

　就業規則に定められている労働条件を従業員の不利益に変更するには、会社において就業規則を変更することが必要であり、仮に、個々の従業員と新たな労働条件につき合意ができたとしても、就業規則を変更していない場合、その労働条件は「就業規則で定める基準に達しない」ものとして無効となる（労基法93条、労契法12条）。就業規則で労働条件を不利益に変更する場合には、変更後の就業規則を従業員に周知させることのほか、就業規則の変更が、従業員の受ける不利益の程度、労働条件の変更の必要性、変更後の就業規則の内容の相当性、労働組合等との交渉の状況その他の就業規則の変更に係る事情に照らし、合理的なものでなければならない（労契法10条）。中でも、賃金のように、従業員にとって重要な労働条件を変更する場合には、高度の必要性に基づいた合理的なものであることが要求されている（大曲市農業協同組合事件（最３小判昭和63年２月16日））。

　本件においては、労働時間は減るものの、前者の場合で25％、後者の場合で20％の賃金減少となることから、従業員の受ける経済的な不利益は必ずしも小さいとまではいえない。また、本書執筆時点では、一部休業であっても雇用調整助成金が支給されるので、それを利用することも検討したうえで、就業時間を短縮する必要性があることが必要であろう。

　したがって、会社の業績が極めて悪化したこと等が客観的に明らかであり、雇用を継続しつつ事業を継続するためには勤務の縮小が喫緊の課題であるような場合であって、一定の期間における補償や兼業規制の廃止・緩和等の経過措置ないし代償措

置（なお、勤務時間の減少も一定の代償措置と考えられる）を
講じているのであれば、就業規則の変更が有効とされる可能性
が高いと思われる。

　変更後の労働条件につき、労働組合と労働協約を締結できた
ような場合や、多数の従業員と個別の合意ができたような場合
には、これらは、変更後の労働条件が合理的であることを推認
する重要な要素となる。

Q2　時間外労働・深夜労働の原則禁止措置の実施

　今回のコロナ恐慌によって会社の業績が極めて悪化
したこと、また、仕事量も従前と比べて落ち込んだこ
と等から、時間外労働と深夜労働を原則として禁止す
ることで、人件費を削減したいと考えています。この
ような時間外労働と深夜労働を原則として禁止するこ
とはできるのでしょうか？　また、できるとした場合
の留意点も教えてください。

A2　時間外労働および深夜労働を原則として禁止する
（業務上の必要があると会社が認める場合にのみ許可す
る）との業務命令を発することにより、あるいは、残業承
認制度を導入することにより、従業員の時間外労働と深
夜労働を禁止することができる。これは労働条件の不利
益変更の問題ではない。もっとも、形式的に時間外労働
と深夜労働を禁止するだけでなく、現実にこれらを行わ
なくて済むような業務量の調整を行ったり引継ぎの体制
を整えておいたりする必要がある点に留意すべきである。

1．賃金算定の対象となる労働時間

　神代学園ミューズ音楽院事件（東京高判平成17年3月30日）
は、賃金の算定の対象となる労働時間について、「労働者が使用
者（会社）の指揮命令下にある時間又は使用者の明示又は黙示
の指示により業務に従事する時間であると解すべきものであ
る」との原則を示したうえで、「使用者（会社）の明示の残業禁
止の業務命令に反して、労働者が時間外又は深夜にわたり業務
を行ったとしても、これを賃金算定の対象となる労働時間と解
することはできない」と判示した。

　したがって、会社が従業員に対し、会社が認めた場合以外の
時間外労働および深夜労働を禁止する業務命令を明示的に発令
することにより、割増賃金の対象となる残業を抑制することは
可能である。これは何ら労働条件の不利益変更の問題ではない。

　また、従業員に所定の方式で残業の事前申請を行わせ、会社
の承認を受けた場合に限り時間外ないし深夜の労働を認めると
いう残業承認制度を就業規則等で導入することによっても、時
間外ないし深夜の労働を原則として禁止することができ、残業
を抑制することができる。

2．留意点

　前掲神代学園ミューズ音楽院事件は、残務がある場合には役
職者に引き継ぐことを命じ、この命令を徹底していた事実を認
定したうえで、従業員らが時間外または深夜労働を行ったとし
ても、労働時間とは評価できないと判示した。

　他方、クロスインデックス事件（東京地判平成30年3月28日）
においては、残業承認制度のもとで、会社が従業員に対し、所
定労働時間内にその業務を終了させることが困難な業務量の業

務を行わせ、当該従業員の時間外労働が常態化していたとの事実を認定したうえで、会社の承認の有無にかかわらず、従業員は会社の黙示の指示に基づき就業していたとして、時間外労働を行っていた時間を労働時間と評価した。

これらの裁判例を前提とすると、単に（形式的に）残業を禁止したというだけにとどまらず、実態として従業員に残業をさせない体制を確保し（例えば、残業禁止命令を出す。承認なく残っている従業員に声をかけ、帰宅させるなど）、現実にも残業を認めていなかったと評価できるような勤務実態としていなければならない点に留意が必要である。

Q3　一時帰休の実施

今回のコロナ恐慌によって会社の業績が極めて悪化したこと、また、仕事量も従前と比べて落ち込んだこと等から、今後数カ月にわたり、一時帰休を実施することを考えています。このような場合の留意点を教えてください。また、労働組合がある場合の留意点も教えてください。

A3　最低でも休業手当（平均賃金の60%以上）を支払う必要があるが、一時帰休に合理性が認められなければ、賃金全額の支払いが必要となる場合がある。なお、労働組合がある場合には、休業協定を締結しておくことが望ましい。

1．一時帰休による休業手当の支給

　一時帰休とは、会社が時短営業等を行うに際し、従業員を一時休業させることをいうところ、労基法26条は、使用者（会社）の責に帰すべき事由による休業の場合には、その休業期間中、平均賃金の60％以上の手当を払わなければならないとしている。「使用者（会社）の責に帰すべき事由」は、民法536条2項に基づく「債権者（会社）の責めに帰すべき事由」よりも広く、使用者（会社）側に起因する経営、管理上の障害を含むとされており（ノース・ウエスト航空事件（最2小判昭和62年7月17日））、不可抗力による休業を含まないと解されている。

　ここでいう不可抗力とは、①その原因が事業の外部より発生した事故であること、②事業主が通常の経営者として最大の注意を尽くしてもなお避けることのできない事故であることの2つの要件を満たすものでなければならないとされている。

　それでは、どのような場合が不可抗力による休業に当たるとはいえず会社の責に帰すべき事由とされるかであるが、厚生労働省の「新型コロナウイルスに関するQ&A（企業の方向け）」では、「海外の取引先が新型コロナウイルス感染症を受け事業を休止したことに伴う事業の休止である場合には、当該取引先への依存の程度、他の代替手段の可能性、事業休止からの期間、使用者としての休業回避のための具体的努力等を総合的に勘案し、判断する必要がある」との例（「4　労働者を休ませる場合の措置（休業手当、特別休暇など）」問5）を挙げている。

2．賃金全額の支払いが必要となる場合

　池貝事件（横浜地判平成12年12月14日）では、一時帰休に伴う賃金減額が認められるためには、就業規則の不利益変更に準

じ、一時帰休に合理性が存在することが必要とされている（同事件においては、民法536条２項の「債権者（会社）の責めに帰すべき事由」が認められるとされ、減額分の40％の支払請求が認容されている）。

したがって、これを前提とすると、一時帰休により従業員が被る不利益の程度、一時帰休実施の必要性の内容・程度、労働組合等との交渉の経緯、他の労働組合または他の従業員の対応等を総合考慮し、一時帰休に合理性が認められない場合、休業手当の支払いでは足りず、賃金全額を支払う必要がある。

したがって、会社が一時帰休を行う場合には、一時帰休の実施もやむを得ないといえるような経営状態にあるか否か（例えば、仕事の量や内容からみて自宅勤務や配置転換では対処できない、あるいは業績の悪化や仕事量の減少に耐え得る資金力がないなど）を見極めたうえで、従業員の賃金減少の程度を抑えるべく休業日数や時間数、休業対象とする職種、対象者につき、合理性・公平性を欠くことのないよう留意し、雇用調整助成金受給の手続きも取るべきである。また、労働組合とは休業協定を締結しておくことが望ましいが、仮に締結できなかったとしても、労働組合や従業員に対し、真摯に交渉や説明を行うことが肝要である。

Q4　一時帰休実施期間中の派遣社員の休業手当

今回のコロナ恐慌によって会社の業績が極めて悪化したこと、また、仕事量も従前と比べて落ち込んだこと等から、今後数カ月にわたり、一時帰休を実施することを考えています。このような場合、当社に派遣されてきている派遣社員に対しても休業手当を支給しなければならないのでしょうか？

> **A4** 会社は派遣社員に対し、労基法上の休業手当を
> 支給する必要はない。ただし、派遣元企業に対する派
> 遣料金の支払いについては、派遣契約の定めによる
> が、特段の定めがない場合には派遣料金を支払う必要
> がある。

1．一時帰休による休業手当の支給

Ⅱ-①-Q3 参照。

2．派遣社員に対する休業手当の支払い

派遣社員は会社（派遣先企業）の「労働者」ではなく、派遣
元企業の「労働者」であるため、派遣社員が就労できない場合、
休業手当を支払う義務を負うのは派遣元企業である。

なお、解釈例規によると、天災地変等の不可抗力により派遣
先企業が操業できない場合であっても、「使用者（派遣元企業）
の責に帰すべき事由に該当しないこととは必ずしもいえず、派
遣元の使用者について、当該労働者を他の事業場に派遣する可
能性等を含めて判断し、その責に帰すべき事由に該当しないか
どうかを判断する」（昭和61年6月6日基発333号）とされてい
ることから、派遣元企業としては、まずは派遣社員を就労させ
ることのできる他の派遣先がないかを検討すべきということに
なる。

3．派遣元企業に対する派遣料金の支払い

派遣社員がその契約期間の全部または一部につき就労できな
かった場合の取扱いについては、派遣契約においてどのような
定めが置かれているかを確認する必要がある。特に定めが置か

れていない場合には、具体的な事情次第ではあるが、派遣先企業の責に基づくと判断される場合には、民法536条2項本文に基づき、会社は派遣元企業に対し、通常の派遣料金を支払う必要があると考えられる。

ただし、一時休業中に、派遣社員が他の派遣先で就労し、派遣元企業が当該派遣先から派遣料金を得た場合には、会社の支払うべき派遣料金からその額を控除することができる（同ただし書）。

会社としては、これらを踏まえ、派遣元企業との間で当面の取扱いや契約内容の変更について交渉するというのも1つの方法である。

2 福利厚生の削減

Q1 借上げ社宅使用料の増額

今回のコロナ恐慌によって会社の業績が極めて悪化したことから、これまで会社は、福利厚生の一環として、借上げ社宅制度（本人に一定の社宅使用料を負担させる）を導入しておりましたが、その社宅使用料を増額したいと考えています。これは一方的にできるのでしょうか？

A1 就業規則もしくは別に定める規程の変更によって可能である。

もっとも、賃金の不利益変更となるため、変更手続を慎重に進める必要がある。

1．問題の所在

　借上社宅制度が就業規則もしくは別に定める規程で制度化されている場合、それは労働契約の内容となることから、社宅使用料を増額するのは、就業規則による労働条件の不利益変更の問題になる。

2．変更方法および実務上の対応

　就業規則を変更することで労働契約の内容を労働者の不利益に変更する場合、原則として、当該変更につき、従業員の合意が必要となる（労契法9条）。

　しかし、従業員との個別の合意がなければ一切減額できないというわけではなく、就業規則を周知させ、その変更が合理的なものであれば、労働条件を不利益に変更することが可能である（労契法10条）。

　就業規則の変更で対応する場合、就業規則の変更が、労働者の受ける不利益の程度、労働条件の変更の必要性、変更後の就業規則の内容の相当性、労働組合等の交渉の状況その他の就業規則の変更に係る事情に照らして合理的なものでなければならない（労契法10条）。

　社宅制度は、会社が福利厚生として行うもので、労働の対価として供されるものではなく、基本給を減額するような場合に比べて、その合理性は緩やかに判断されるとも考えられる。

　もっとも、社宅使用料は、従業員の生活設計に組み込まれており、従業員の側からすれば負担増となり、その不利益は小さくない。

　したがって、減額を段階的に行うなどの激変緩和措置を検討し、労働組合や従業員からの意見聴取を丁寧に行い、利益調整

を図ったうえで就業規則もしくは別に定める規程を変更し実施すべきである。

　倒産回避のための高度の必要性が認められる場合、激変緩和措置がなされなくても変更の合理性が認められる可能性が十分にあるが、その場合でも労働組合等との交渉状況が重要になるのは、前述のとおりである。

Q2　社宅の廃止

　今回のコロナ恐慌によって会社の業績が極めて悪化したことから、これまで従業員に社宅（ビル1棟）として提供していた不動産を他に売却して、多少なりとも現金を手に入れたいと考えています。そのため、従業員には社宅を退去してもらう必要があるのですが、強制的に行うことはできるのでしょうか？

A2　強制退去が可能か否かは、規程での定め方や契約の性質如何によって変わってくる。もっとも、会社としては、任意に退去してもらうよう努めるべきである。

解　説

1．福利厚生の不利益変更

　II-2-Q1のとおり福利厚生であっても労働条件であることは変わりがないので、不利益変更の問題になるが、その合理性は緩やかに判断されることになる。もっとも、社宅が利用で

きなくなることは従業員にとって、生活上不利益になることは明らかであるので、廃止にあたってはできる限り、従業員の生活に配慮すべきである。

2. 社宅制度の法的性質と契約終了事由

　社宅制度は、一般的には、近傍類似の物件の賃料よりも低廉な使用料で従業員の居住を確保し、その生活を助けるという福利厚生の一助をその趣旨としていることが多い。その法的性質は、社宅の管理、運営等を定めた規程等を分析しながら明らかにしていくことになる。

　一般的には、使用貸借契約（民法593条）であるか、もしくは賃貸借契約（民法601条）であるか、または会社が定めた社宅利用に関する規程に基づく特殊な契約類型のいずれかに分類できる。

　使用貸借契約とは、他人の物を借りて、対価を支払わないでそれを使用、収益する契約である（民法593条）。使用貸借においては、当事者が使用貸借の期間を定めたときは、その期間満了によって終了する（民法597条1項）。期間を定めなかった場合において、使用および収益の目的を定めたときは、借主がその目的に従い使用および収益を終えることによって終了する（民法597条2項）。期間を定めず、使用及び収益の目的を定めたときは、その目的に従い、借主が使用及び収益をするのに足りる期間を経過したときは、貸主は契約を解除することもできる（民法598条1項）。上記のほか、期間ならびに使用および収益の目的のいずれも定めなかったときは、貸主はいつでも解除することができる（民法598条2項）。

　賃貸借契約とは、他人の物を借りて、対価を支払ってそれを使用、収益する契約である（民法601条）。建物の賃貸借契約の更新、効力については借地借家法が適用され、明渡しを求めるためには6カ月の期間を置いた解約申入れが必要となり、しか

も解約申入れには正当事由が必要となる（借地借家法26条、28条）。

　使用貸借または賃貸借のいずれの類型にもあてはまらない非典型契約と整理されることもある。その場合、当該契約上の規定やルールに従って退去を求めることになる。例えば、「会社が退去するよう求めたとき」などの規定があれば、それに従って明渡しを求めることができる。

3. 法的性質の判断方法

　使用貸借契約もしくは賃貸借契約または特殊な契約類型のいずれであるかは、まず、社宅の使用が無償である場合は使用貸借、逆に有償である場合は賃貸借と仕分けされる。つまり、社宅の使用について、近傍類似の物件の賃料と同等の額を受領し、それが社宅使用の対価である場合は賃貸借であろうと考えられる。逆に、使用料を受領していない場合は使用貸借である。

　裁判例では、武蔵造機事件（最2小判昭和31年11月16日）において、使用料が当時の世間並みの相当家賃額であることを指摘し、これを賃貸借契約であるとしている。

　社宅使用料などの名目で従業員の金銭負担がある場合でも、その額などから使用の対価として支払うものではないときは、それだけで賃貸借契約と判断されることにはならない。日本セメント事件（最3小判昭和29年11月16日）では、社宅利用関係の法的性質は、「画一的に決定し得るものではなく、各場合における契約の趣旨いかんによって定まるもの」とし、社宅料は維持費の一部に過ぎず、社宅利用の対価ではなく、社宅を使用することができるのは従業員たる身分を保有する期間に限られる趣旨の特殊の契約関係であって賃貸借関係ではない、とした。

第1章　雇用維持のために講じる人件費負担軽減策の考え方と進め方

4．明渡しの実際的方法

　いずれの契約類型にせよ、従業員にしてみれば生活の本拠を移転することになり、強制執行それ自体やそれに至るまでの時間と費用を考えたときには、任意に明渡しを受けるのが最も効率的である。

　したがって、まずは、入居している従業員に対して真摯に説明をして、任意に退去してもらうよう説得を試みるべきであり、それが肝要である。具体的には、退去までの期間を十分にとったり、または、家賃の一部を補助したり、引越し費用を負担したりなどが考えられる。

人員の削減——
入る人を減らす

1 　採用内定取消し

> ### Q1 　採用内定取消し
>
> 　今回のコロナ恐慌によって会社の業績が極めて悪化したことから、すでに採用を内定していた社員2名の採用内定を取り消すことを考えておりますが、それは可能でしょうか？　また、その場合の留意点も教えてください。
>
> ### A1 　内定の取消しが必要となるほどの業績悪化につき、採用内定当時には予測できず、会社において人員削減が急務であり、新規・中途採用の停止や希望退職者の募集、残業規制、賞与削減等の経費削減策を実施してもなお内定取消しを行う必要がある場合には、内定者への説明を尽くし、場合によっては補償金を支払うなどしたうえで、採用内定を取り消すことができる。

1．採用内定の法的性質

　大日本印刷事件（最2小判昭和54年7月20日）において、採用内定の法的性質は、（就労）始期付解約権留保付雇用契約とされており、勤務開始日の定めがあるという点で（就労）始期付とされ、内定通知書記載の内定取消事由に該当した場合に解約ができるという点で解約権留保付とされている。

　同判決は、採用内定の取消事由については、「採用内定当時知ることができず、また知ることが期待できないような事実であって、これを理由として採用内定を取消すことが解約権留保の趣旨、目的に照らして客観的に合理的と認められ社会通念上相当として是認することができるものに限られる」としている。

2．業績悪化を理由とする内定取消し

　内定取消事由として、「会社の業績が悪化したとき」と定めていたとしても、その業績悪化につき採用内定当時知ることができず、また知ることが期待できないものであり、業績悪化を理由として内定を取り消すことが客観的に合理的であり社会通念上相当といえない場合には、その取消しは解約権の濫用として無効となる。

　すなわち、採用内定当時においては、内定を取り消さなければならないほど業績が悪化することを予測できなかったことが必要であり、さらに、そのような内定取消しは、整理解雇に準じ、①人員削減の必要性、②内定取消回避努力、③被取消者選定の合理性、④手続きの相当性によりその有効性を判断すべきとされていることから、会社としては、これらの要素について検討を行うべきである（詳しくは **Ⅳ-5** 参照）。この点、インフォミックス（採用内定取消）事件（東京地決平成9年10月31

日）では、③につき、内定者について、「未だ就労していなかったのであるから、……債務者が既に就労している従業員を整理解雇するのではなく、採用内定者である債権者を選定して本件内定取消に及んだとしても、格別不合理なことではない」としており、他の事情次第ではあろうが、従業員と内定者を比較して内定者を対象とすることそれ自体を不合理とはしていない。

とりわけ今般のコロナ恐慌は突発的に起きたものであり、ここまでになることは誰も予想できなかったといえるので、内定取消しも可能と判断されるケースが多いものと思われる。

なお、新規学卒者の採用内定の場合は、内定取消し前に、公共職業安定所所長および関係の施設の長（学校長）にその旨を通知する必要がある点に注意が必要である（職安法施行規則35条2項1号）。

3．内定取消しの公表

厚生労働大臣は、一定の場合に、会社からの内定取消しの報告内容を公表できるとされている（職安法施行規則17条の4第1項、平成21年1月19日厚生労働省令第4号）。

具体的には、①2年度以上連続して行われた場合、②同一年度内で10名以上に対し行われた場合、③事業活動の縮小を余儀なくされているとは明らかにいえない場合、④取消対象者に対し理由を十分説明していないか、就職先の確保に向けた支援を行わなかった場合とされている（平成21年1月19日厚生労働省告示5号）。

公表されることで社会に与えるインパクトは小さくなく、今後の採用活動にも重大な影響を及ぼすと考えられることからすると、会社としては、この点にも注意を払うべきであろう。

2　配転、出向、転籍

Q1　工場閉鎖による配転命令の有効性

　今回のコロナ恐慌によって会社の業績が極めて悪化したことから、複数ある工場の1つを閉鎖することにしました。そのため、その工場で勤務している従業員については、他の工場で勤務してもらうか、あるいは退職してもらうしかありません。中には、雇用契約で勤務地を限定している社員もおります。当該従業員に対して、業務命令で他の工場に配置転換をすることはできるのでしょうか？

⋯⋯⋯⋯⋯⋯⋯⋯⋯⋯⋯⋯⋯⋯⋯⋯⋯⋯⋯⋯⋯⋯⋯⋯⋯⋯⋯⋯⋯⋯⋯

A1　勤務地限定の従業員の同意なく、他の工場に配置転換を命令することはできない。

解　　説⋯⋯⋯⋯⋯⋯⋯⋯⋯⋯⋯⋯⋯⋯⋯⋯⋯⋯⋯⋯⋯⋯⋯⋯⋯⋯⋯⋯

1．勤務地限定合意の法的意義

　雇用契約で勤務地を限定する合意をしている場合、就業規則で配置転換を可能とする旨規定されていても、当該従業員に対して、勤務地を変更する配転を命令することはできない（労契法8条）。

2．勤務地限定合意の認定

　勤務地限定合意は、単に事務職であるとか、現地採用職員で

あることのみをもって認められるものではない。また、労働契約の締結に際して交付した労働条件通知書に「就業場所」として特定の場所が記載されていても、それは通常、採用直後の就業場所が記載されているものと解されるから（平成11年1月29日基発第45号）、労働条件通知書の記載のみをもって勤務地限定合意の成立を認めることはできないのが通常である。他方、採用の際に家庭の事情などから転勤には応じられない旨を明確に申し出て採用された場合など、勤務地限定合意は契約書等に明記されている場合のみならず、黙示の合意でも成立し得る。

　結局のところ、会社側の募集条項、採用手続における会社および従業員側の説明内容、ならびに契約締結時の事情、契約書の記載内容等を考慮して判断することになる。

3．勤務地限定合意のある従業員への実務上の対応

　まずは、当該従業員に対して現状を丁寧に説明し、配転を命令することはできない以上、配転に応じてもらえるように説得することが重要である。他方で、家庭の都合で配転に応じられない人もいると思われるので、任意に退職するという人に対しては退職金の上積みを多少なりとも用意すべきである。元々の勤務地である工場が閉鎖となる以上、そこでの仕事はなくなるわけだが、それによって直ちに当該従業員を解雇することができるわけではない。解雇回避努力を尽くしたかが検討されることになる。勤務地限定合意がある従業員の場合でも、その者について直ちに配置転換を検討しなくてよいということにはならず、配置転換を検討し労働者に打診したことも解雇を回避するための努力に当たる。

　実際上は、最終的に整理解雇をせざるを得ないことも視野に入れつつ、その場合、解雇回避努力義務を尽くしたとの評価が得られるようにしながら、配置転換に応じるよう説得を重ね、退職する場合の優遇条件も用意し、協議をしていくことが肝要

である。従業員の考えをよく聞いて、勤務地を大きく変えない場所での就業ができないか等の選択肢も再検討しつつ、説得を試みることになると思われる。

　どうしても配置転換には応じず、しかも自ら退職を選択することも拒否する従業員は、最終的には整理解雇せざるを得ない。

Q2　出向

　今回のコロナ恐慌によって会社の業績が極めて悪化し、このまま従業員全員を抱えることは難しい状況です。今般、日頃より付合いのある取引先から、従業員を複数名出向で受け入れてもよい、場合によってはその後、転籍もあり得るという話をもらったので、従業員の出向を進めたいと思います。進めるにあたっての留意点を教えてください。

A2

　出向にあたっては、出向先との間で、給与の負担をどうするか、どちらが支給するか等を定めた出向契約書を締結すべきである。

　また、出向について、出向を命ずることができるという定めのみである場合には、事前に、出向した場合の労働条件等を従業員に明示して行うべきであろう。

解　説・・

1．出向とは

　出向とは、従業員を会社（出向元）に在籍させたまま、他の

会社（出向先）の従業員として当該出向先の業務に従事させる人事上の措置をいう。労働時間、休日、休暇などの勤務形態は、出向先の就業規則に従って定められ、出向先が労務遂行の指揮命令権を持つことになる。

2．出向の方法

　出向は、労務を提供する相手方が変更されることから、出向を命じるためには、就業規則、労働協約、労働契約上の明示の根拠が必要になる。

　そして、労務提供の相手方の変更に伴い、賃金などの労働条件、キャリア、雇用確保などの面で従業員に不利益が生じる可能性があることから、就業規則に、出向を命ずることがあるという定めのみがある場合は、命令前に出向先での労働条件を明示しておくべきであろう。

　なお、出向命令がその必要性、労働者選定に係る事情その他の事情に照らして、権利濫用と認められる場合には無効となる（労契法14条）。具体的には、出向命令の業務上の必要性、人選の合理性、従業員の不利益、出向に至る動機・目的などを勘案して判断される。

　出向命令が無効とされた具体例として、リコー事件（東京地判平成25年11月12日）では、出向により、デスクワークが主だった職務内容が立ち仕事や単純労働になる異動は当人らのキャリアや年齢に配慮した異動とはいい難く、身体的にも精神的にも負担が大きい業務という不利益を指摘し、また、人事部によって各部門一律に設定された所属正社員の6％の余剰人員に対して退職勧奨が実施され、これを拒否した場合に自動的に出向対象とされたことから、このような出向は、部門ごとのきめ細かな事業実績や経営予測を検討したうえでの合理的な人選とはいえず、退職勧奨拒否を翻意させ、自主退職することを期待して行ったものとみるのが相当とされた。

3．出向命令の方法

　出向先での労働条件は、出向元と出向先との間の出向契約で定められるのが通例である。出向契約において、当該出向者に関する出向期間、労働条件、人事権の配分等を定めることになるが、賃金については、労働者の不利益に配慮し、出向元での水準を維持する例が多い。その場合、賃金に関しては出向元の就業規則が適用されるなどと規定することになる(書式例参照)。

　その上で、出向元が当該出向者に対して出向命令書を交付して、出向を命じることが一般的である（書式例参照）。

出向契約書

　○○株式会社（以下、甲という）と△△株式会社（以下、乙という）は、甲の従業員□□（以下、丙という）が乙に出向するにあたっての取扱いについて、以下のとおり契約する。

（出向期間）
第1条　出向期間は、令和○年○月○日乃至同○年○月○日とする。ただし、業務上の必要に基づき、延長・短縮することが必要な場合には、双方で協議して延長・短縮することがある。

（労働条件）
第2条　出向中の丙の労働時間・休憩時間・休日・休暇に関する取扱いについては、原則として乙の就業規則を適用する。

（賃金）
第3条　出向中の丙の給与および賞与は、甲の就業規則の規程を適用し、甲が支給する。

（社会保険）

第4条　出向中の丙の健康保険・厚生年金保険・雇用保険は甲の被保険者資格を継続し、労災保険については乙で加入する。

（費用の負担）

第5条　甲が出向中に丙に支払った賃金および社会保険料の事業主負担分については、乙が全額を負担し、後日、甲に支払う。

（情報の提供）

第6条　乙は、出向中の丙の勤怠および勤務状況を、毎月○日までに、甲に通知する。

（表彰および懲戒）

第7条　出向中の丙の表彰および懲戒は、乙の就業規則に基づき乙が行うことができる。

（協議）

第8条　本契約に定めのない事項および疑義が生じた場合は、甲乙協議のうえ、決定する。

　　　　　甲

　　　　　住所　　東京都○○区○○○○

　　　　　　　　　○○株式会社
　　　　　　　　　代表取締役　　○○○○　㊞

　　　　　乙

　　　　　住所　　東京都□□区△△△△

　　　　　　　　　△△株式会社
　　　　　　　　　代表取締役　　□□□□　㊞

```
┌─────────────────────────────────────────────┐
│                出向命令書                      │
│                                               │
│   会社は、貴殿に対して、就業規則第○条に基づき、令和 │
│ ○年○月○日付で、以下のとおり出向を命じる。        │
│                                               │
│                                               │
│ 出向先              ○○株式会社                │
│ 所属部署            ○○                        │
│ 就業場所            ○○                        │
│ 賃金（給与・賞与）   ○○                        │
│ 労働時間・休日その他 ○○株式会社の就業規則による  │
└─────────────────────────────────────────────┘
```

4．本件における留意点

　本件の場合、コロナ恐慌による業績悪化を背景に、出向の後、場合によっては転籍もあり得る出向形態となるので、採用時の就業規則等の規定が転籍もあり得ることなど、復帰を予定しない出向もあり得る旨規定しているのであれば格別、そうでない限り、出向命令による方法を採ることはできない。東海旅客鉄道事件（大阪地決平成6年8月10日）でも、採用時の就業規則等で復帰を予定しない出向が含まれていると解せない場合には、従業員の個別同意なく就業規則等によって出向命令を発することはできないとされている。また、もし仮に就業規則等に復帰を予定しない出向もあり得るとの規定があったとしても、今回の出向に係る事情如何によっては権利濫用とされるリスクがある。復帰を予定しないという不利益を上回る出向の必要性が基礎づけられなければならない。

　また、後に転籍となる場合は、後述のとおり（Ⅲ-2-Q3参照）、その際に従業員の同意が必要となる。

Q3　転籍

　今回のコロナ恐慌によって会社の業績が極めて悪化し、このまま従業員全員を抱えることは難しい状況です。今般、日頃より付合いのある取引先から、従業員を複数名転籍で受け入れてもよいという話をもらったので、従業員の転籍を進めたいと思います。進めるにあたっての留意点を教えてください。

A3　従業員の同意が必要となり、丁寧に説得のうえ、応諾が得られたら合意退職の事実を書面化すべきである。応諾が得られず整理解雇を実施するときは、改めて整理解雇4要素に従った判断が必要になる。

解　説………………………………………………………

1. 転籍とは

　転籍とは、従業員の籍を移転させることであり、現在雇用契約を締結している会社との間での契約関係を終了させ、新たに移籍先の会社を使用者とする雇用関係を成立させる人事異動の方法である。

　法律上は、①現在締結している雇用契約を合意解約し、移籍先の会社と新たな雇用契約を締結する方法と、②雇用契約上の使用者たる地位を譲渡する方法がある。①の場合は、現在締結中の雇用契約の解約と移籍先との新たな雇用契約の締結との、それぞれに従業員の同意が必要となり、②の場合は、民法625条1項で、「使用者は、労働者の承諾を得なければ、その権利を第

三者に譲り渡すことができない」と規定されており、使用者たる地位の譲渡について、従業員の同意が必要となる。

2．事前の包括的同意の可否

　いずれの方法でも従業員の同意が必要になるが、その従業員の同意は、あらかじめ就業規則において「会社は従業員に対して転籍を命じることができる」と規定しておくか、採用の際などに「将来、転籍を命じられればそれに応じます」などを契約書に明示するなどし、事前の包括的同意を得ておけば、それで従業員の同意があったといえるかが問題となる。

　この点については、転籍は、配転や出向と異なり、使用者が変更となるものであるから、従業員の承諾は、就業規則における包括的根拠規定や事前の包括的同意では足りず、転籍先企業を明示したうえでの個別具体的な同意が必要になるのが原則と考えられる（三和機材事件（東京地決平成4年1月31日）参照）。

　したがって、本件で、仮に就業規則に転籍を命じることができる旨の規定等があらかじめ存在していたとしても、改めて、当該転籍にあたって従業員の同意が必要になる。

3．実務上の対応

　本件では、業績悪化により従業員全員の雇用維持が難しい状況にあることから、この状態が続けば最終的には整理解雇という形での人員整理が視野に入ってくるものと思われる。したがって、取引先への転籍という話は、雇用が確保される分、整理解雇より従業員にとってもメリットがある話となる。

　他方で転籍先での労働条件がどうなるのかも極めて重要な事柄である。したがって、従業員に対して、会社の現状を説明し、転籍のメリットを伝え、そして、転籍先での労働条件も説明し、これに応じてもらえるように努力すべきである。

　「使用者が変わるが雇用は確保される」ことを従業員がメリッ

トとして感じられるよう説得できるかが肝要であるが、実務
上、経営側が持つ危機感が従業員に共有されていないケースが
ままある。他の従業員への影響等を考慮し、業績悪化の事実を
ありのまま伝えることが躊躇されることは理解し得るが、他方
で、転籍にメリットを感じられる内容でなければ説得も無に帰
するのであって、会社と従業員との間の情報の非対称性を加味
し、一定程度の情報開示が必要なのではないかと考えられる。

　また、転籍を特定の従業員のみに打診する場合には、従業員
からは、どうして自分が対象なのかとの説明を求められること
が想定されるので、それに対する回答（例えば、転籍先で予定
されている業務が現在担当している業務と親和性がある、キャ
リアアップになる、転籍先からオーダーされている人物像に
マッチしているなど）を用意しておくべきである。

4．手続き上の留意点

　最終的に転籍となる従業員との間では、合意退職が成立した
ことを明らかにする書面を作成しておくべきである。転籍者が
転職先でのトラブル等に起因して復帰を求めてきたりすること
が皆無ではなく、そうした場合に備えて、合意退職したことを
書面で明確にしておくべきである。

　また、労働条件に関する認識の齟齬を生じさせないために
も、転籍先における労働条件を従業員に明示する必要がある。
実務上は転籍元、転籍先、従業員の三者で合意書を作成したり、
あるいは、転籍元への転籍同意書の提出、転籍先と従業員との
雇用契約書の締結を同時に行うことが多い。

株式会社　○○○○

　　代表取締役　○　○　○　○　殿

転籍同意書

	転籍年月日	令和○年○月○日
転籍先	名称	株式会社　□□□□
	所在地	東京都○○区○○
	代表者	△△△
転籍先での勤務条件	勤務地	東京本社
	役職	営業部営業第2課課長補佐
	担当業務	○○等の営業および営業補助業務
	賃金	○○円
	労働時間	転籍先就業規則による
	休日・休暇	転籍先就業規則による
	有給休暇	転籍先就業規則による
	その他	転籍先就業規則による
退職金の取扱い		転籍時に、退職金規程に基づき、会社都合退職の退職金を支払う。
備　考		

上記の条件で、株式会社□□□□へ転籍することに同意いたします。

　　　　　　住所　○県○市○町○丁目○番○号

　　　　　　氏名　○　○　○　○　　㊞

5．整理解雇の可否

　転籍に応じず、整理解雇やむなしとなった場合、その対象者を解雇できるか否かは、改めて整理解雇4要素に従って判断されることになる。転籍を拒絶したからといって自動的に整理解雇の対象とすることは、人選の合理性に疑いが生じ得る（**Ⅳ**-**5**-**Q5**参照）。あらためて整理解雇の人選を行い、転籍の検討が解雇回避努力として評価されるよう説得を真摯に行うべきである。

Ⅳ 人員の削減—いる人を減らす

1 派遣社員の削減

Q1 期間満了で派遣契約を終了するにあたっての留意点

今回のコロナ恐慌によって会社の業績が極めて悪化したことから、まずは現在受け入れている派遣社員の派遣を終わりにしようと思っています。

労働者派遣個別契約では、6カ月を派遣期間としておりますが、期間満了で派遣契約を終了するにあたっての留意点はありますか？　また、派遣期間の中途で一方的に派遣契約を解約することはできるのでしょうか？

A1 契約期間満了で派遣契約を終了することは可能であるが、労働者派遣契約に契約を更新しない場合の

手続き（数カ月前に文書で更新しないことを通知する
など）があれば、それに従う必要がある。
　派遣期間の中途で一方的に派遣契約を解約する際も
労働者派遣契約に従う必要があるが、派遣労働者の雇
用の安定を図るために必要な措置を講じる必要がある。

解　説‥‥‥‥‥‥‥‥‥‥‥‥‥‥‥‥‥‥‥‥‥‥‥‥‥‥‥‥‥

1．派遣社員の削減の位置付け

　派遣社員は、派遣元企業に雇用される労働者であり、派遣先
企業の雇用する労働者ではない。したがって、企業の業績が悪
化し、コスト削減を行わなければならない場合、人件費を削減
するに先立ち、派遣社員の削減が検討されるのが一般的である。

　整理解雇の有効性の判断要素の１つである解雇回避努力にあ
たって、派遣社員の削減をしているかどうかという点が考慮さ
れるのも、その所以である。

2．派遣社員の削減方法

　派遣先企業は、派遣元企業との間の労働者派遣契約に基づい
て派遣社員を受け入れているため、労働者派遣契約の解消ある
いは不更新によって、派遣社員を削減するということになる。

　したがって、派遣先企業が労働者派遣契約を契約期間の中途
で解約できるか否かは、労働者派遣契約の内容によることにな
る。

　また、派遣先企業が契約を更新しないことは、原則として可
能であるが、労働者派遣契約で不更新について制約が課されて
いる場合は、その内容に従わなければならない（多くのケース

では、更新しない場合には一定期間前に通知を要求している）。

3．中途解約の際の留意点

　派遣先企業としては、派遣期間中の中途解約を行う前に、派遣元企業との間で協議を行い、できる限り、合意で解約をすることが求められる。労働者派遣法では、労働者派遣契約の中には、労働者派遣契約の解除にあたって講ずる派遣労働者の雇用の安定を図るために必要な措置に関する事項を定めなければならないとしている。具体的には以下のとおりである。

【労働者派遣事業関係業務取扱要領より抜粋】

（ⅰ）**労働者派遣契約の解除の事前の申入れ**

　派遣先は、専ら派遣先に起因する事由により、労働者派遣契約の契約期間が満了する前の解除を行おうとする場合には、派遣元事業主の合意を得ることはもとより、あらかじめ相当の猶予期間をもって派遣元事業主に解除の申入れを行うものとすること。（第5の6（2）ロ）

（ⅱ）**派遣先における就業機会の確保**

　派遣元事業主及び派遣先は、労働者派遣契約の契約期間が満了する前に派遣労働者の責に帰すべき事由以外の事由によって労働者派遣契約の解除が行われた場合には、当該派遣先の関連会社での就業をあっせんする等により、当該労働者派遣契約に係る派遣労働者の新たな就業機会の確保を図るものとすること。（第5の6（2）ハ）

（ⅲ）**損害賠償等に係る適切な措置**

　派遣先は、派遣先の責に帰すべき事由により労働者派遣契約の契約期間が満了する前に労働者派遣契約の解除を行おうとする場合には、派遣労働者の新たな就業機会の確保を図ることとし、これができないときには、少なくとも当該労働者派遣契

約の解除に伴い当該派遣元事業主が当該労働者派遣に係る派遣労働者を休業させること等を余儀なくされたことにより生じた損害の賠償を行わなければならないこと。例えば、当該派遣元事業主が当該派遣労働者を休業させる場合は休業手当に相当する額以上の額について、当該派遣元事業主がやむを得ない事由により当該派遣労働者を解雇する場合は、派遣先による解除の申入れが相当の猶予期間をもって行われなかったことにより当該派遣元事業主が解雇の予告をしないときは30日分以上、当該予告をした日から解雇の日までの期間が30日に満たないときは当該解雇の日の30日前の日から当該予告の日までの日数分以上の賃金に相当する額以上の額について、損害賠償を行わなければならない。その他派遣先は派遣元事業主と十分に協議した上で適切な善後処理方策を講ずること。また、派遣元事業主及び派遣先の双方に責に帰すべき事由がある場合には、派遣元事業主及び派遣先のそれぞれの責に帰すべき部分の割合についても十分に考慮すること。(第5の6(2)ニ)

(iv) 労働者派遣契約の解除の理由の明示

派遣先は、労働者派遣契約の契約期間が満了する前に労働者派遣契約の解除を行おうとする場合であって、派遣元事業主から請求があったときは、労働者派遣契約の解除を行った理由を当該派遣元事業主に対し明らかにすること。(第5の6(2)ホ)

実務上、労働者派遣契約では、損害賠償の金額について、「30日分以上」となっているので、結局は、その損害額がいくらなのかについて協議を行い、協議が調わなければ訴訟になり得るということになる。そういった意味で、派遣先会社からみた場合、労働者派遣契約を締結する際には、損害額について「30日分以上」ではなく、「30日」とすることによって損害額を限定するということも1つの方法である。

2　契約社員の雇止め

Q1　期間途中の契約社員の雇止め

　今回のコロナ恐慌によって会社の業績が極めて悪化したことから、契約社員について、期間の途中ではあるものの解雇をしたいと考えていますが、それはできるのでしょうか？

A1　期間途中で解雇をしなければ会社が破綻してしまうといったような逼迫した状況がない限り期間の中途での解約は難しい。

解　説‥‥‥‥‥‥‥‥‥‥‥‥‥‥‥‥‥‥‥‥‥‥‥‥‥

1．有期雇用契約の期間途中の解雇

　会社は、期間の定めのある雇用契約を締結した従業員について、その期間の途中で同人を解雇する場合、「やむを得ない事由」がある場合でなければ、解雇することはできない（労契法17条1項）。

　期間の定めのある有期雇用契約は、期間の満了によって雇用関係は終了する一方、その期間存続中は雇用関係の存続を相互に保障する意義がある。したがって、「やむを得ない事由」とは、期間の定めのない労働契約の解雇に必要とされる客観的合理性、社会通念上の相当性（労契法16条）よりも、厳格に解釈される。一般的には、期間満了を待つことなく直ちに雇用を終

了させざるを得ないような特別な事由とされている（菅野和夫
『労働法』12版343頁）。

2. 「やむを得ない事由」と整理解雇の関係

　会社の経営上の理由に基づく整理解雇の有効性は、いわゆる
整理解雇4要素を総合的に勘案して判断される。すなわち、①
人員削減の必要性、②解雇回避努力の程度、③人選の適切さ、
④手続きの相当性である。

　安川電機八幡工場事件（福岡高決平成14年9月18日）は、3
カ月間の期間の定めのある従業員31名を業績悪化を理由に期間
の途中で解雇した事案であるが、裁判所は、残りの雇用期間は
約2カ月、平均給与が月額12万円から14万5,000円程度であっ
たこと、会社の企業規模などからすると、3カ月間の契約期間
の終了を待つことなく解雇しなければならないほどの予想外か
つやむを得ない事態が発生したと認めるに足りる資料はないと
して、解雇を無効とした。

　また、プレミアライン事件（宇都宮地栃木支決平成21年4月
28日）は、派遣先による派遣労働契約の解除を理由に有期雇用
契約を締結している労働者を期間途中で解雇した事案である
が、裁判所は、「やむを得ない事由」は期間の定めのない場合の
解雇の要件よりも厳格なものであると明言し、整理解雇の4要
素を検討し、希望退職の募集や退職勧奨をせず、派遣先の斡旋
など雇用機会の確保の努力もせず、経営状況等を理由とする人
員削減の必要性について説明していないこと、残契約期間内に
生じる賃金の支出を削減する必要性はおよそ認めがたいことな
どを指摘し、解雇を無効とした。

3. 本件の検討

　期間途中の解雇については、それを行わないと会社が破綻し
てしまうなどの状況がない限り、無効と判断される可能性が高

い。つまり、どうして期間満了まで待てないのか、その理由が正当でない限り法的には難しいであろう。

Q2　期間満了による契約社員の雇止め

　　今回のコロナ恐慌によって会社の業績が極めて悪化したことから、契約社員について、契約期間満了で雇止めをしたいと考えていますが、それはできるのでしょうか？

- -

A2　有期雇用契約が実質的に無期と同視できる状態であったり、更新に対する合理的期待があったりする場合には、雇止めを有効に行うには客観的合理性・社会通念上相当性が必要になり、業績悪化を理由とするときは整理解雇4要素に照らして判断されることになる。

解　説 ・・

1．労契法上の雇止め法理

　労契法では、使用者の雇止めについて、①過去に反復して更新されたことがある有期雇用契約であって、その契約期間の満了時に当該契約を更新せずに終了させることが、期間の定めのない雇用契約を締結している労働者に解雇の意思表示をして契約を終了させることと社会通念上同視できると認められる場合（1号）、または②当該有期雇用契約が更新されるものと期待することについて合理的な理由がある場合（2号）に会社が従業

員を雇止めするには、客観的合理性、社会通念上相当性が認められない限り、雇止めは無効としている。

　要するに、当該有期雇用契約が、①実質無期状態（1号）か、②更新期待がある場合（2号）でなければ、期間満了により当然に雇止めができるが、他方、①・②に該当する場合は、雇止めに客観的合理性、社会通念上相当性が必要となる。

2. 各号該当性

　各号該当性の判断方法について労契法の施行通達（平成24年8月10日基発0810第2号）は、「当該雇用の臨時性・常用性、更新の回数、雇用の通算期間、契約期間管理の状況、雇用継続の期待をもたせる使用者の言動の有無などを総合考慮して、個々の事案ごとに判断されるものである」としている（第4の5（2）ウ）。

　各号ごとに敷衍すると以下のとおりとなる。

（1）　実質無期状態（1号）該当性

　実質的に無期状態（1号）であるか否かは、東芝柳町工場事件（最1小判昭和49年7月22日）が示した要件を明文化したものとされている。

　同判決の構造から、実質的に無期状態だと認定されるためには、会社に「当然更新の意思」があり、「実際に更新がなされているという事実」が重要であり、（a）契約の反復更新の有無・程度、（b）更新管理の方法（契約書の有無、契約内容の確認方法など）などによって判断される。

　例えば、（a）契約の反復更新の有無・程度について見ると、契約の反復更新が長期間にわたり、多数回行われていれば、実質無期状態であることが肯定される要素となる。

　また、（b）更新管理の方法について見ると、雇用契約書が作成されていないとか、作成されていても契約成立時の1通のみ

で、その後の契約期間満了時（更新時）に次の契約期間を定めた雇用契約書が作成されていないとか、契約期間が満了したにもかかわらず、更新の意向を確認する等の機会が設けられていないなどの事情があると、実質無期状態であることが肯定される要素となる。

前掲東芝柳町工場事件では、「2カ月の期間が満了しても真面目に働いていれば解雇されることはない。安心して長く働いてほしい」などといわれて採用され、簡易な更新手続で5～23回にわたって契約の更新をしたケースで、実質無期状態であることを肯定した。

（2）　更新期待（2号）該当性

労働者の更新期待（2号）に合理性があるか否かは、日立メディコ事件（最1小判昭和61年12月4日）が示した要件を明文化したものとされている。

判断にあたっての考慮要素のうち、最も有力なものとして、業務内容が挙げられる。業務内容が会社の基幹業務であった場合、その雇用は重要で、それは常用的な性質を有するとの推測が働き、更新期待がプラスに評価される。逆に、業務内容が一時的、臨時的なものであった場合、その雇用は基幹業務を補助する暫定的なものとの推測が働くことから、更新期待の存在にプラスにはならない。

次に、更新回数や通算期間も重要である。更新回数が多数回、通算期間が長期間になればなるほど、基本的には更新期待にとってプラスに評価される。

同一事業場における他の従業員の取扱いも、重要な関連事実となる。同一事業場の他の同種の従業員について、その従業員の更新回数および通算期間が長期間にわたっていた場合、当該従業員も自分が契約を更新してもらえるとの期待は高まるのが通常であるから、更新期待の存在にとってプラスに評価される。

会社側の言動などで、更新期待をもたせるようなことがあったかどうかも、考慮要素となる。採用時や更新時に雇用継続の期待をもたせる言動があった場合、更新期待の存在にとってプラスに評価される。

3．客観的合理性・社会通念上相当性の判断方法

　実質的に無期状態である（1号）、または更新期待がある（2号）と判断された場合、その従業員を有効に雇止めするには、客観的合理性・社会通念上相当性が必要になる。会社の経営上の必要性を理由として有期雇用者を雇止めする場合、多くの裁判例で、期間の定めのない雇用契約における整理解雇4要素に基づき、客観的合理性・社会通念上相当性を判断している（丸子警報器事件（東京高判平成11年3月31日）、三洋電機事件（大阪地判平成3年10月22日）、日本電子事件（東京地八王子支決平成5年10月25日）、芙蓉ビジネスサービス事件（長野地松本支決平成8年3月29日）、安川電機八幡工場事件（福岡地小倉支判平成16年5月11日）、江崎グリコ事件（秋田地決平成21年7月16日））。

　そして、この有期雇用契約における雇止めの有効性のための客観的合理性・社会通念上相当性（労契法19条）と、無期雇用契約における解雇の有効性のためのそれ（労契法16条）は、条文上は同じ文言が用いられているものの、裁判例の多くは無期雇用契約の場合に比較して有期雇用契約の場合にその審査の厳格度を緩和する傾向にあると指摘されている（佐々木宗啓ほか『類型別労働関係訴訟の実務』290頁）。現に、日立メディコ事件（最1小判昭和61年12月4日）は、臨時工の雇止めに関し、その雇用関係が比較的簡易な採用手続で締結された短期の有期契約を前提とするものである以上、雇止めの効力を判断すべき基準は、終身雇用の期待の下に期間の定めのない労働契約を締結している場合とはおのずから合理的な差異があるべきとし、工場

の業績悪化により人員削減の必要性が生じた以上、正規従業員に先立って臨時員の削減を図るのは社会的にみて合理的であり、臨時工の雇止めに先立って正規従業員より希望退職を募集することは要求されないとされた。アイレックス事件（横浜地判平成18年9月26日）は、期間の定めのない正社員と有期雇用者とでは、「雇用の継続に対する信頼に差があることは明らか」であるとして、正社員に対する整理解雇は、臨時的社員を削減したうえで行われるべきものであると判示した。日本アグファ・ゲバルト事件（東京地判平成17年10月28日）は、契約社員や派遣社員を解雇の対象とすることなく、正社員をあえて解雇の対象としたことは不合理であると判示した。

　このように、一般的には、期間の定めのない正社員は、有期雇用者に比べて雇用継続への期待が高いことから、解雇の判断においてより厳格に判断されることになる。

　もっとも、有期雇用契約でも、正社員と遜色ない業務に従事し、基幹労働力化している事案では、人員削減の必要性などが比較的厳格に判断されたケースもある。例えば、ヘルスケアセンター事件（横浜地判平成11年9月30日）は、有期雇用者について、期間の定めのない契約と実質的に異ならない状態であったと認めたうえで、正社員を整理解雇する場合と有期雇用者を雇止めする場合とでは合理的な差異があるとしても、人員削減の必要性が認められないとして雇止めを無効とした。

　このように裁判例では、無期雇用契約と有期雇用契約の労働者では、雇用調整を理由とする解雇または雇止めの合理性判断について差違があることを前提としつつも、実際上は、当該有期雇用契約の実態や雇用継続への合理的期待の強弱に即して、整理解雇4要素に照らして慎重に判断しており、雇止めを無効とすることが少なくない。

4．短時間・有期雇用労働者法の下での雇用調整

　平成24年の労契法改正によって、有期雇用契約下にある労働者の雇用の安定と常用代替手段としての有期雇用契約の安易な利用の抑制を趣旨として、5年を超えて反復更新された有期雇用者に対して無期転換請求権が付与された（労契法18条）。

　また、平成30年には、働き方改革関連法案の一つとして、「短時間労働者の雇用管理の改善等に関する法律」が「短時間労働者及び有期雇用労働者の雇用管理の改善等に関する法律」（以下、「短時間・有期雇用労働者法」という）に改正され、通常の労働者との均衡のとれた待遇の確保等を図ることを趣旨として、均衡・均等待遇原則が規定された（同法8条、9条）。

　そして、短時間・有期雇用労働者法に関する厚生労働省の通達「短時間労働者の雇用管理の改善等に関する法律の一部を改正する法律の施行について」（平成19年10月1日基発1001016号・職発1001002号・能発10010001号・雇児発10010002号）では、「経営上の理由により解雇を行う場合には、解雇対象の選定が妥当である必要があるが、通常の労働者と同視すべき短時間労働者については、労働時間が短いことのみをもって通常の労働者より先に解雇する場合には、解雇対象者の選定基準の設定において差別的取扱いがなされていることとなり、法第8条違反となる」とされている。

5．実務上の対応

　以上を前提に法的リスクを最小限にするためには、当該期間の満了でいきなり雇止めにするのではなく、会社の経営状態等を真摯に説明したうえで退職を勧奨し、任意の合意退職の成立を目指すべきである。退職勧奨の留意点は、通常の労働者（正社員）に対する退職勧奨の場合と概ね同様である（**Ⅳ**-**3**-**Q1**参照）。

場合によっては、有期雇用者に対しても、任意に退職してくれれば、慰労金名目で一定の金銭を支払う提案をすることで円滑に進むこともあり得る。

Q3　定年退職後再雇用制度の適用の一時中止

　今回のコロナ恐慌によって会社の業績が極めて悪化したことから、定年退職後再雇用制度の適用を一時中止にしたいと考えていますが、それはできるのでしょうか？

・・

A3　基本的にはできないが、就業規則上「解雇事由」に該当する場合には再雇用しないことができるという条文があり、「解雇事由」に該当すると評価できれば再雇用しないことも可能。

解　説・・

1．定年退職後継続雇用制度の位置付け

　高年齢者雇用安定法では、定年の定めをしている会社は、その雇用する高年齢者の65歳までの安定した雇用を確保するため、①定年の引上げ、②継続雇用制度の導入、③定年の廃止のいずれかの措置を講じなければならないと規定している（同法9条）。

　このうち、多くの企業では、②継続雇用制度を導入している。定年到達者について、新たに雇用契約書を作成し、「嘱託社員」などと称して再雇用する例が多く見られる。

この継続雇用制度は、同法の改正により、対象者を労使協定で定める基準によって選別する制度ではなくなっており、定年到達者のうち継続雇用を希望する者は、原則として、その全員について継続雇用することが義務付けられている。

2．継続雇用拒絶事由

　もっとも、「高年齢者雇用確保措置の実施及び運用に関する指針」（平成24年11月9日厚生労働省告示第560号）では、心身の故障のために業務に堪えられないと認められること、勤務状況が著しく不良で従業員としての職責を果たし得ないこと等、就業規則に定める解雇事由または退職事由（年齢に係るものを除く）に該当する場合には、継続雇用しないことができるとされている。

3．本件の場合

　本件は、業績悪化により、定年退職後再雇用制度の適用を一時中止にしたいとのことであるから、当該年度の定年後の継続雇用制度の適用対象者を、一律、不採用とするものと思われるが、「解雇事由」に該当するかどうかが問題となる。つまり、定年後継続雇用制度における継続雇用も雇用契約にほかならず、定年前の正社員の雇用契約以上に特別の保護がなされるべき要請はどこにもないのであって、業績悪化による経営上の理由に基づく再雇用の拒絶に理由があるか否かは、整理解雇4要素を基に判断されると考えられる（フジタ事件（大阪地判平成23年8月12日））。

　すなわち、業績悪化による人員削減の必要性がある場合、会社に現在所属している従業員の契約関係を終了させる整理解雇が一定の要件の下で認められており、それとの均衡を考えたときに、定年退職後再雇用制度の適用を否定するという方法が一切許されないとは解されない。厳しい経営状況下におけるやむ

を得ない選択として、現在契約中の従業員を解雇することが許される場合があるのであれば、同様に、定年退職となる従業員を再雇用しないという対応が許される場合があるものと思料される。もっとも、定年退職後再雇用制度の適用対象者は、前述のとおり、65歳までの継続雇用が期待されており、当該従業員自身もそのような期待を抱いているのが通常である。そこで、そのような者を再雇用しないという判断の適法性は、整理解雇に準じた判断枠組みとなろう。

　したがって、まず、定年退職後の従業員を再雇用しないという判断を是認できるだけの人員削減の必要性が要求される。また、このような措置を回避する努力として、新規採用の停止、役員報酬の減額・不支給、昇給停止、賞与の減額・不支給、残業抑制、人件費以外の経費削減、一時帰休、ワークシェアリング、希望退職者募集などの方法を検討し、実現可能な措置を尽くしたかが問われることになると考えられる。

Q4　定年退職後再雇用者の雇止めおよび労働条件引下げ

　今回のコロナ恐慌によって会社の業績が極めて悪化したことから、定年退職後再雇用者を優先的に期間満了で雇止めしたいと考えていますが、それはできるのでしょうか？　また、契約更新にあたって、労働条件を引き下げて提案したいと考えていますが、それはできるのでしょうか？

....

A4　定年退職後再雇用者を優先的に雇止めするというのも1つの考えであり、否定されるべきものではない。更新時に、労働条件を切り下げる提案をするのは基

解　説 ··

1．労契法19条の適用

　高年齢者雇用安定法に従って行われる定年退職後の継続雇用制度を採用し、継続雇用する者について、有期雇用契約を締結している場合、有期雇用契約を締結している以上、労契法19条の適用はある。

　そして、高年齢者雇用安定法の趣旨は、65歳までの安定した雇用を確保することにあり（同法1条参照）、継続雇用制度においては、解雇事由に準じた事由がない限り、原則として再雇用し、65歳までの雇用を継続させることが求められている（**Ⅳ**
-2-**Q3** 参照）。

　したがって、同制度の適用対象者は、一般的に65歳までの間は契約が更新されることについて合理的期待があるといわざるを得ず、その者の雇止めには、客観的合理性・社会通念上相当性が要求されると評価されるであろう（津田電気計器事件（最1小判平成24年11月29日）、トーホーサッシ事件（福岡地判平成23年7月13日）、シンワ運輸東京事件（東京地判平成28年2月19日））。

2．客観的合理性・社会通念上相当性の判断方法

　そして、裁判例では、無期雇用契約と有期雇用契約の労働者では、雇用調整を理由とする解雇または雇止めの合理性判断について差違があることを前提としつつも（前掲日立メディコ事

件）、実際上は、当該有期雇用契約の実態や雇用継続への合理的期待の強弱に即して、整理解雇4要素に照らして慎重に判断しており、雇止めを無効とすることが少なくない（**Ⅳ**-**2**-**Q2**参照）。

　したがって、定年後継続雇用制度の適用対象者の雇止めにおいても、当該会社における定年退職後継続雇用制度の位置付け、従事する業務内容、過去の雇止め事例などを含めた雇用管理の実態等の具体的事情を斟酌しながら、雇止めの有効性が判断されると考えられる。

3．優先的雇止めの可否

　本件では、定年退職後再雇用者を優先的に雇止めとすることを企図するものであるが、正社員の雇用を守るために、定年退職後再雇用者を雇止めすることは可能であると思われる。高年齢者雇用安定法は65歳までの安定した雇用確保を要請しているのみであって、定年前の従業員と比べてより手厚い保護がなされるべきとはしていない。定年退職後再雇用制度の対象者は、65歳で雇用関係が終了となる蓋然性が一般的に高いこともあり、会社が業績悪化を乗り切り、今後も事業を継続していくための観点から定年退職後再雇用制度の対象者を削減の対象とした、また、定年退職後再雇用者は退職金を受給しており、雇用を失ったとしても経済的な打撃は正社員に比べて少ないと判断したということであれば、人選基準の合理性は否定されにくいとも考えられる。

　定年退職後再雇用者の雇止めが有効とされた裁判例としては、前掲フジタ事件がある。これに対して、エフプロダクト事件（京都地判平成22年11月26日）では、業績不振を理由として、定年退職後再雇用者5名のうちの1名のみを雇止めとしたが、人選基準の合理性がないとして雇止めが無効となっているので留意されたい。

4．労働条件引下げ提案

　高年齢者雇用安定法が求めているのは継続雇用制度の導入等による安定した雇用確保であり、定年退職前と同等の労働条件での雇用を義務付けるものではない。したがって、会社が合理的な裁量の範囲で条件を提示していれば、その労働条件について合意が得られず、結果的に雇用関係が終了したとしても、高年齢者雇用安定法違反とはならない。厚生労働省の「高年齢者雇用安定法 Q&A（高年齢者雇用確保措置関係）」においても同旨が確認されており、また、定年後の就労形態をワークシェアリングとして、週3日勤務とし、2人で1人分の就労とすることについても「事業主の合理的な裁量の範囲の条件であれば、定年後の就労形態をいわゆるワークシェアリングとし、勤務日数や勤務時間を弾力的に設定することは差し支えない」（A1-10）としている。

　したがって、定年退職後再雇用における更新時に、労働条件を切り下げる提案をすることは、会社の合理的な裁量の範囲であれば差し支えない。

　その他の留意点は、Ⅰ-**1**-**Q3** 参照。

3　退職勧奨

Q1　退職勧奨実施にあたっての留意点

　今回のコロナ恐慌によって会社の業績が極めて悪化したことから、人員の削減を行う必要があるのですが、退職勧奨を行うことを考えています。退職勧奨にあたっての留意点を教えてください。

第1章　雇用維持のために講じる人件費負担軽減策の考え方と進め方

基本的に誰を対象者とするかは会社の自由であるが、被勧奨者の自由意思が確保されていることが重要であり、被勧奨者に心理的圧迫を与えないよう、勧奨の手段や回数についても配慮する必要がある。

解　説 ....

1．退職勧奨の法的性質

　退職勧奨は、従業員の退職意思の形成を促す事実上の行為であるため、基本的に、会社は従業員に対し、自由に退職勧奨を行うことができ、それが会社の業績悪化を理由とするものであったとしても異なるものではない（整理解雇4要件を充足する必要はないとした裁判例として、ダイフク（合意退職）事件（大阪地判平成12年9月8日））。

　ただし、退職勧奨対象者の選定が公平性を欠く場合や、被勧奨者の任意の意思形成を妨げ、あるいは名誉感情を害するような場合には、違法な勧奨行為として不法行為を構成する場合がある（鳥取県教員事件（鳥取地判昭和61年12月4日）、下関商業高校事件（最1小判昭和55年7月10日）等）。

2．退職勧奨対象者の選定について

後出Ⅳ-3-Q2参照。

3．退職勧奨の手段等について

　退職勧奨を行う場合には、手段や態様、退職勧奨を行う場所、回数、1回当たりにかける時間、退職勧奨を行う期間について常識的な範囲に留め、本人の自由意思が確保されている状況で

行うことが重要である。

　退職しないと断言している従業員についても、その意思が表明された後の退職勧奨行為が一切許されなくなるわけではなく、それまでに行った回数や経緯（新たな退職条件の提示を行う等）からみて、当該従業員に対し、その意思の変更を強要するものでなければ違法となるものではないと考えられる。

　また、退職勧奨により従業員が退職の意思を示したとしても、その意思表示に強迫や錯誤があると評価される場合には、意思表示の取消しが認められる。

　したがって、複数人で威圧的に退職を迫ることは論外として、従業員が退職の意思を表示するまで執拗に退職勧奨を続け、あるいは退職するまで続ける意を勧奨者が示すなどすることも、強迫を評価され得るため避けるべきである。

Q2　対象者を限定した退職勧奨の可否

　今回のコロナ恐慌によって会社の業績が極めて悪化したことから、人員の削減を行う必要があるのですが、高齢者や障害者のみを対象として退職勧奨をすることはできるでしょうか？

・・・

A2

　原則として、高齢者のみを対象として退職勧奨をすることはできるが、障害者のみを対象として退職勧奨をすることは避けたほうがよい。

第1章　雇用維持のために講じる人件費負担軽減策の考え方と進め方

1．退職勧奨の対象者

　退職推奨は、退職の申込みの誘引であり、それを誰に行うか
は原則として会社の自由である。

2．高齢者のみを対象とした退職勧奨

　前掲鳥取県教員事件においては、退職勧奨の対象者として、
男女で異なる年齢を基準とした点につき、「専ら女子であるこ
とのみを理由とした差別と評価せざるをえない」との判示がさ
れた。同事件では、年齢の基準そのものについては問題視され
ておらず、一般に、従業員が高齢になるにつれて労働能力が逓
減するのに対し、賃金は逆に逓増するということからしても、
退職勧奨について、高齢者を対象とすることには一定の合理性
が認められるものと考える。

3．障害者のみを対象とした退職勧奨

　これに対し、障害者を対象とする退職勧奨は、慎重に行う必
要がある。障害者雇用促進法および「障害者に対する差別の禁
止に関する指針」（平成27年厚生労働省告示第116号）におい
ては、次の3つを障害者であることを理由とする差別に該当する
ものとして許されないとしている。
　　イ　障害者であることを理由として、障害者を退職の勧奨の
　　　　対象とすること、
　　ロ　退職の勧奨に当たって、障害者に対してのみ不利な条件
　　　　を付すこと、
　　ハ　障害者を優先して退職の勧奨の対象とすること
　　ただし、例外として、「合理的配慮を提供し、労働能力等を適
正に評価した結果として障害者でない者と異なる取扱いをす

る」場合には、障害者であることを理由とする差別に該当しないとしている。

　したがって、障害者に対する退職勧奨を行う場合には、どうして当該障害者を退職勧奨するに至ったのかという点を説明できるようにしておくべきである。

Q3　退職勧奨に応じない従業員に対する配置転換、降格の可否

　今回のコロナ恐慌によって会社の業績が極めて悪化したことから、人員の削減を行う必要があるのですが、退職勧奨を行うことを考えています。退職勧奨に応じていただけない従業員については、配置転換のうえ、降格することを考えていますが、それは可能でしょうか？

A3　退職勧奨に応じない従業員を配置転換のうえ、降格することは、人事権の濫用と評価され、無効となる場合があるが、それが解雇を回避するためやむなく行ったということであれば、特段の問題はない。

解　説

1．人事権の濫用（労契法3条5項）の判断基準

　人事権の行使についてのリーディングケースとされている東亜ペイント事件（最2小判昭和61年7月14日）は、転勤命令権の効力が争われたが、同判決は、「労働協約及び就業規則に

は、……業務上の都合により従業員に転勤を命ずることができる旨の定めがあ」るとして転勤命令権の根拠を認定したうえで、転勤命令権の濫用については、「業務上の必要性が存しない場合又は業務上の必要性が存する場合であっても、当該転勤命令が他の不当な動機・目的をもってなされたものであるとき若しくは労働者に対し通常甘受すべき程度を著しく超える不利益を負わせるものであるとき等、特段の事情の存する場合でない限りは、当該転勤命令は権利の濫用になるものではない」との判断基準を示し、その後、人事権の濫用一般に関する判断枠組みとして定着している。

2．退職勧奨に応じない従業員の配置転換および降格

日本アムウェイ配転無効確認請求事件（東京地判平成18年1月13日）は、所属部門の解散に伴い、会社が、管理職であった従業員に対し、一定の退職金を支給する会社都合退職、あるいは給与減額を伴う降格および人事部付きとする配置転換のいずれかを選択するよう提示し、当該従業員がいずれも拒否したため、後者の命令を発令したという事案である。裁判所は、同命令は人事権の濫用に当たるとして無効と判断した。

同判決は、配置転換後の業務内容が当該従業員のキャリア等に沿うものではないこと、給与が大幅に下げられていること等の事情から、「原告（従業員）に退職を仕向ける不当な動機・目的が被告（会社）にあることを強く推認させる」として、人事権の濫用を認めたものであるが、人員削減策の一環として退職勧奨を行うも同意がされなかったので、やむなく、他部門への配置転換を行わざるを得なかったという解雇を回避するために行った配置転換であれば、それは業務上の必要性が存するという判断になり、有効とされる可能性が高い。

Q1 希望退職者募集と早期退職優遇制度の違い

　今回のコロナ恐慌によって会社の業績が極めて悪化したことから、人員削減を行う必要があるのですが、その一環として、希望退職者募集を行う予定です。聞くところによると、希望退職者募集は早期退職優遇制度とは異なると聞いたのですが、その違いを教えてください。

A1 　いずれも優遇措置を設けて定年前に退職者を募集する手法であるが、希望退職者募集が整理解雇をも見据えて行われる短期的な人員整理であるのに対し、早期退職優遇制度は、中長期的な視点から、合理的な会社組織を形成するための雇用調整手段である。

解　説

1. 早期退職優遇制度

　早期退職優遇制度とは、従業員に所定の定年年齢より早期の退職を奨励し、退職する者に割増退職金を支給する等の優遇措置を実施する制度をいい、組織構成と人員数のミスマッチ（当該制度を設けない場合、係長や課長の職位相当の人員が当該職位の必要人員数を上回ってしまうことが多い）を防ぐ工夫の一つとして、あるいは、企業活力を維持または回復させることを

目的として制度設計される。

優遇措置の内容は、退職金の割増しが一般的であるが、それ以外にも、年次有給休暇の買取り、特別休暇（休職）期間の付与、再就職支援サービスの提供、転職先のあっせん・情報提供等がみられる。

2. 希望退職者募集

希望退職者募集は、人員整理の一手段であり、従業員の全部または一部を対象とし、一定の優遇措置を示して退職を希望する者を募集することをいう。早期退職優遇制度が平時に設けられることが多いのに対し、希望退職者募集は経営不振による人員整理時に行われることが多い。

3. 両者の相違点と早期退職優遇制度実施にあたっての留意点

希望退職者募集も早期退職優遇制度も、一般的には、合意退職に向けて会社が従業員に対して退職申込みの誘引を行うものであり、従業員がこれに応募（申込み）を行い、会社が承諾することにより、合意退職が成立すると理解されている。いずれにおいても、会社が従業員に退職を強制するものではないため、制度の内容が法律や労働協約、就業規則、公序良俗に違反するものでない限り（この観点から、女性のみを対象としたり、特定の組合の組合員のみを対象としたりすることは許されない）、原則としてその制度設計は会社の広範な裁量に委ねられている。

ソニー（早期割増退職金）事件（東京地判平成14年4月9日）は、「本件制度は、被告が適用を認めることが要件とされているが、適用除外事由が具体的に規定されていることや、本件制度の申請は早期の退職という重要な意思決定を伴うものであることからすると、恣意的な運用が許容されるべきではないから、

その適用を申請した者に本件制度の適用を認めないことが信義に反する特段の事情がある場合には、被告は信義則上、承認を拒否することができない」とされた。

そこで、会社としては、早期退職の申出が認められる選定基準を合理的に定めておくべきであり、恣意的な運用は避けるべきである。

具体的な制度設計としては、早期退職優遇制度の目的を達成するため、対象者を中高年者（あるいは余剰人員が多い部門）等に限り、かつ、会社にとって必要な人材を確保するため、制度の適用には会社の承諾を必要とする旨明記する方法等が考えられる。年齢が高い従業員ほど退職による短期的な人件費の削減効果が高くなる一方、定年間近の従業員が高額の退職金を得て退職しても会社にとってはメリットがないため、58歳（ないし59歳）以上は除くとするほか、退職直前の従業員の退職加算金額を抑えることも有用である。

なお、退職加算金額については、後に希望退職者募集が実施される可能性も踏まえて設定する必要がある。すなわち、将来において人員整理の必要が生じ、希望退職者募集を実施した際に、希望退職者募集における退職加算金が早期退職制度のそれを上回る水準にならない場合、応募者が現れず、余剰人員の解消ができないという事態が生じ得る。したがって、早期退職制度においては、あまり高額の退職加算金を設定しないほうが無難である。

Q2 希望退職者募集の設計をするにあたっての留意点

今回のコロナ恐慌によって会社の業績が極めて悪化したことから、人員削減を行う必要があるのですが、その一環として、希望退職者募集を行う予定です。現

在、どのような希望退職者募集を行うかを検討していますが、留意点を教えてください。

A2 希望退職者募集を行う場合、必ず、承諾・承認要件をつけるべき。募集期間は2週間から1カ月とする例が多い。募集人員数を明確に記載するかどうかは、実情に応じ決定すべきである。

解　説‥‥‥‥‥‥‥‥‥‥‥‥‥‥‥‥‥‥‥‥‥‥‥‥‥‥‥‥‥‥

1．特別退職金の金額

　特別退職金の金額をいくらにするのかは、会社の手元資金等の状況にもよるので一概にはいえないところであるが、具体的な実例については、労政時報（最新のものでいうと3999号）にも掲載されているので参考にされたい。

　また、特別退職金の金額の設定にあたっては、勤続年数、年齢を考慮することが多いのが実態である。

2．承諾・承認要件

　使用者は、解雇回避努力の一環として希望退職者募集を実施するが、そこでは相応の数の労働者に自主退職を促す必要がある一方で、会社の再建に必要な人材については会社に残ってもらう、つまり希望退職者募集に応募して外部に流出することを避けなければならないという立場に置かれることとなる。

　そこで考えられたのが、希望退職者募集の優遇条件の適用について、使用者による承諾・承認を要件とする扱いであるが、この法的有効性は希望退職者募集の法的な性格から判断される。

つまり、希望退職者の募集が、合意退職の申込みの意思表示ということになれば、労働者の応募によって退職の効力が発生することから、承認・承諾要件を付することはできないということになる。しかし、裁判例では、希望退職者の募集は合意退職の申込みの誘引である、としている（津田鋼材事件（大阪地判平成11年12月24日））。

　したがって、希望退職者募集において、使用者は、「会社が認めた者」という承認・承諾要件を付することが可能となる。

3．募集期間

　募集期間については、10日間としたことが性急に過ぎるとした裁判例（ジャレコ事件（東京地判平成7年10月20日））や、4日間としたことが短すぎると評した裁判例（高松重機事件（高松地判平成10年6月2日））がある。もちろん長ければ長いほど法的なリスクは低減するが、短い期間であったとしても、従業員に対する説明の程度等、個別の事案に鑑みて判断されることになると思われ、一概に10日だから短いということにはならない。2週間〜1カ月程度とする企業が多い印象である。

4．募集範囲

　希望退職者の募集を全社的に行う必要があるのか、それとも特定の部門のみ募集を行うことも可能なのかという点が問題となることがある。希望退職者募集に応募するかはあくまで任意であり、会社が、どのような層に、あるいはどの部門を対象として実施するかは、裁量に委ねられるところである。したがって、特定の部門のみを対象とすることも可能である。

　もちろん、会社として、どうしてその特定の部門だけを対象としたのか、その合理的な説明はできるようにしておく必要がある。もっとも、その設定の仕方が著しく合理性を欠く場合や公序に反する場合には、それが違法とされ、適用対象とならな

かった従業員からの損害賠償請求というものも観念できることになると考える。

　例えば、女性のみを対象とするとか、未婚者のみを対象とするというのは著しく合理性を欠くと判断される可能性が高いと考えるが、特定の年齢層のみを対象とすることは可能であろう。

5．募集人数

　募集人数を明記するかどうかも1つの悩みどころである。本来であれば、募集人数を書くのが筋であり、また、会社としてのメッセージを直截に従業員に伝えることができるので、未達であった場合に整理解雇もあり得るということを理解させることができ、従業員も真剣に応募するかどうかを考える契機になる。また、これに準じるものとして、「○○人程度」と明記する例もある。これにより、仮に募集人員に多少の未達があったとしても、整理解雇に進まずに済むという選択の余地が出てくる。

　他方で、同業他社への情報流出による影響（ライバル企業から取引先に「あの企業は希望退職者募集を○名も実施しているようであり、今後が危ないので、今の取引先をうちに変えたほうがよろしいのではないでしょうか」などと吹聴される）等を危惧して、「必要人数」と記載し、具体的な数字をまったく記載しないということもある。

6．実際の書式例

　実際の書式例については、第2章の219頁を参照。

Q3 募集人員数を上回る応募があった場合の対応

今回のコロナ恐慌によって会社の業績が極めて悪化したことから、人員削減を行う必要があり、先般、希望退職者募集を実施しました。募集人員数20名に対し、30名からの応募がありました。会社として、誰の退職申込みを承認するかどうかを決めてしまっていいものでしょうか？ それとも、応募順にすべきでしょうか？

A3 会社が誰の退職申込みを承認するか自由に決めて構わない。

解　説 ・・・

1．希望退職者募集とは

希望退職者募集とは、一般的には、退職金の割増し等の優遇条件を提示して、定年よりも前に任意の退職を促す制度である。業績悪化からの再生を目指そうとする会社が、任意の退職という形で人員削減を実現しようとするものであり、業績への貢献度に比べてコスト高となっている層を対象として念頭に置くことが多い。

業績悪化の際の人員削減措置であるから、退職条件の優遇といっても、退職金の積増しはそれほど高いものとはならないことが多いが、転職支援会社の紹介やその費用の会社負担などが退職パッケージとして用意されるのが一般的である。

2．個別承認の可否

　希望退職者募集の法的性質は、一般的には、会社が希望退職者の募集をすることが、合意解約の申込みの誘引行為であり、これについて、従業員が応募をしてきた場合、当該応募が合意解約の申込みとなる。そして、この申込みに対して会社が承諾することで合意解約が成立し、雇用関係が終了となる（神奈川信用農業協同組合事件（最1小判平成19年1月18日）、大和銀行事件（大阪地判平成12年5月12日）、アラビア石油事件（東京地判平成13年11月9日）、前掲ソニー（早期割増退職金）事件（東京地判平成14年4月9日）、NTT西日本事件（大阪地判平成15年9月12日）、富士通事件（東京地判平成17年10月3日））。したがって、会社は、希望退職の応募に対して、個別に承諾するかどうかを決定できる（第2章**Ⅵ**参照）。

　本件の、希望退職者募集に30名からの応募があったという状況は、当該従業員30名が合意解約の申込みをしているということになる。したがって、この中からどの応募に対して承諾を与えるかは、基本的には会社の判断に委ねられており、応募順としても構わない。

3．例外的に承認を拒絶できない場合

　もっとも、裁判例の中には、会社が希望退職者募集の適用除外者をあらかじめ明示していた事案で、適用除外事由が具体的に規定されていたことや、早期の退職という重要な意思決定を伴うものであることを指摘して、恣意的な運用を許容すべきでないとし、適用を申請した者に制度の適用を認めないことが信義に反する特段の事情がある場合には、信義則上、会社は承認を拒否することができないと判示した例がある（前掲ソニー事件および富士通事件）。つまり、希望退職者募集にあたって、応募に対して会社は当然これに応じるものと読めるような規定の

仕方がなされていたり、運用状況から会社が黙示の承諾をした
と認められたりするケースなどの場合、会社が承認しないこと
はできないとされることがあり得る。

　そこで、実務上の対応としては、希望退職者募集の際、要項
等には会社の承認が必要となる旨明記し、運用上もそれを徹底
すべきである。

４．実務上の留意点

　募集人員数以上の応募があった場合、その中のどの従業員の
応募を承諾するかの判断は会社の裁量であり、自由に決めて構
わない。

Q4　募集人員数を下回る応募しかなかった場合の対応

　今回のコロナ恐慌によって会社の業績が極めて悪化
したことから、人員削減を行う必要があり、先般、希
望退職者募集を実施しました。募集人員数20名に対
し、10名しか応募がありませんでした。会社として、
第２次希望退職者募集を行うことは可能でしょうか？
また、その場合、第１次よりも上乗せ金額を上げる、あ
るいは下げることは可能でしょうか？　加えて、未達の
場合にはどうなるかを説明してもよいものでしょうか？

A4　第２次希望退職者募集を行うことは可能である。

その場合、第１次募集より退職加算金を増減額させる
ことは可能であるが、望ましくない。募集人員数未達の
場合に整理解雇を実施せざるを得ないことを説明して
も構わない。

1．追加募集の可否

　希望退職者募集は、合意解約申込みの誘引行為と解されるか
ら（**Ⅳ**-**4**-**Q3** 参照）、会社の判断で２回目の誘引を行うこと
に何ら差支えはなく、第２次希望退職者募集は会社の判断で行
うことが可能である。

2．優遇条件の変更

　その場合、第１次募集より、退職加算金を増減額させること
も可能である。もっとも、退職加算金を引き上げた場合、従業
員には応募をしないで待っていればさらに良い条件が提示され
るとの期待が生じ、いつまでも応募しない可能性が高くなる。
　したがって、実際上のやり方としては、退職条件を維持する
か、むしろ下げて実施するのが一般的である。
　しかし、退職条件を下げた場合はもちろん、維持した場合で
も、単に第２次募集を行っただけで退職希望者が増えることは
期待できない。そこで重要になるのは、個別の退職勧奨である。
個別の退職勧奨において、会社が置かれた状況を説明し、希望
退職者募集が従業員に相応のメリットがあるものだという理解
を求めるほかない。

3．募集人員数未達の場合についての説明

　退職勧奨の面談において、希望退職者募集の結果、予定人員
数に達しなかった場合、解雇を実施せざるを得ないと伝えるこ
とは構わない。会社は、未達の場合、実際にも整理解雇に踏み
切らざるを得ないと考えられるからである。むしろ、後に実際
に整理解雇を実施した場合、整理解雇されるくらいなら希望退
職者募集に応募していた、応募しなかったのは会社の説明が不

足していたからだなどの反応が示されることが予想され、このような無用なトラブルを避けるためにも、会社の方針、覚悟は明確にしておくほうが望ましい。

　もっとも、当該面談対象者が整理解雇の対象となるかまで明言することは避けるべきである。なぜなら、個別の退職勧奨時点で、当該従業員に整理解雇を実施するかは決断できていないはずであり、それにもかかわらず整理解雇の対象であると明言した場合、それで合意退職が成立しても、後に、合意退職の申込みは整理解雇の対象だといわれたからだとして、錯誤や詐欺を理由とした取消しの主張を誘発するおそれがあるからである。

5　整理解雇

Q1　整理解雇とは

　今回のコロナ恐慌によって会社の業績が極めて悪化したことから、人員削減を行う必要があるのですが、いわゆる整理解雇とはどういったものをいうのでしょうか？

A1

　従業員には落ち度がないにもかかわらず、会社側の経営上の都合で行われる解雇が整理解雇である。今般のコロナ恐慌のような不況により会社の経営が悪化し、従業員を雇用し続けることが困難な状況に陥った場合に、人員削減を目的として行われるものをいう。

1．整理解雇の特徴

　従業員の私傷病や非違行為など、従業員の責めに帰すべき事由による解雇ではない点に特徴がある。従業員に解雇事由がある普通解雇や、懲戒事由がある場合に行われる懲戒解雇とは異なり、従業員には落ち度がないにもかかわらず行われるため、整理解雇が有効とされるには高いハードルが要求される。

2．整理解雇の要件ないし要素

　整理解雇が有効とされるための要件ないし判断要素については、Ⅳ-⑤-Q2 ～Ⅳ-⑤-Q6 を参照されたい。

Q2　整理解雇の4要素とは

　今回のコロナ恐慌によって会社の業績が極めて悪化したことから、人員削減を行う必要があります。整理解雇を行うには4要件あるいは4要素が必要だと聞きますが、それらの内容を教えてください。また、それ以外の事情も考慮されるのかどうかも教えてください。

A2

　整理解雇の4要素あるいは4要件とは、①人員削減の必要性、②解雇回避努力義務、③人選基準の合理性、④手続きの相当性をいう。解雇される従業員に対する負担軽減措置ないし不利益緩和措置が考慮される場合もある。

1．整理解雇の判断傾向

　整理解雇のリーディングケースである東洋酸素事件（東京高判昭和54年10月29日）は、整理解雇には4要件が必要であるとし、それ以降近年まで、①人員削減の必要性、②解雇回避努力義務、③人選基準の合理性、④手続きの相当性の4つの事項については、それらすべてが満たされなければ整理解雇が有効とならないという意味での「要件」として捉えられてきた。しかし、バブル崩壊後の長期かつ深刻な経済活動に接し、それらの事項について、整理解雇の「要件」としてではなく、4つの重要な考慮「要素」と捉え直したうえで、総合判断により解雇権濫用の有無を判断するとの枠組みが、近年では多く採用されている。

2．4要素の内容

　4要素の内容は、次のとおりである（詳細はQ3～Q6の各解説参照）。

　①人員削減の必要性とは、企業の縮小、整備、合理化計画を内容とする人員削減措置の実施が、不況や経営不振等による企業経営上の十分な必要性に基づいていること、あるいは企業の合理的な運営上やむを得ない措置と認められることである。

　②解雇回避努力義務とは、人員削減の手段として整理解雇を選択することの必要性、つまり、解雇を回避するために努力を尽くしたかということである。

　③人選基準の合理性とは、客観的で合理的な基準を設定し、これを公正に適用して行うことを要するとするものである。

　④手続きの相当性とは、労働組合または労働者に対して整理解雇の必要性とその時期・規模・方法につき納得を得るために

説明を行い、さらにそれらの者と誠意をもって協議すべき信義則上の義務を負うとするものである。

3．その他の判断要素

　さらに、4要素以外にも、その位置付けについては争いがあるものの負担軽減措置ないし不利益緩和措置を講じたことが考慮される場合がある。厚生労働省の「今後の労働契約法制の在り方に関する研究会報告書」（平成17年9月15日）では、「解雇回避措置が困難である場合には、退職金の加算、再就職の支援などの適切な負担軽減措置を講じ、又は、負担軽減措置を講じることができない合理的な理由があること」が考慮要素として挙げられている。また、裁判例の中にも、不利益緩和措置として、会社からの加算退職金の支払いが考慮されているとみられる日本航空（パイロット等）事件（東京高判平成26年6月5日）がある。

Q3　人員削減の必要性とは

　整理解雇の4要素のうち、人員削減の必要性とはどんな意味ですか？

・・

A3　人員削減の必要性とは、会社の縮小、整備、合理化計画を内容とする人員削減措置の実施が、不況や経営不振等による会社経営上の十分な必要性に基づいていること、あるいは会社の合理的な運営上やむを得ない措置と認められることをいう。

1．人員削減の必要性の程度

　裁判例の中には、当該人員削減措置を実施しなければ会社が「倒産必至」の状況にあることまでを要すると説くものもあるが、多くは、債務超過や赤字累積に示される高度の経営上の困難から当該措置が要請されるという程度で足りるとしている。そのうえで、裁判所は、会社の経営状態を詳細に検討はするものの、結論として多くの事件において、人員削減の必要性を肯定している。実際上、裁判所は、人員削減の必要性に関する経営専門家の判断を尊重しているといえよう。

2．必要性判断の基準時点（人員削減決定時か解雇時か）と人員削減計画の合理性

　必要性判断の基準時点の問題についてはあまり語られてこなかったように思われる。例えば、人員削減決定時において整理解雇対象とした人員数に一定の合理性は認められるものの、退職勧奨等により順調に人員削減が進み、対象者が残り1名となったことから、いざ整理解雇をするとなった段階においてはもはや人員削減の必要性は消失していたと評価されるのかという問題である。

　この点に関連して、従業員1名を指名して行った整理解雇の有効性が問題となったコムテック事件（東京地判平成23年10月28日）は、「人員削減の必要性の有無の判断は、本件解雇時点において、従業員1名を指名解雇しなければならない程の必要性があるか否かという観点から判断すべきこととなるところ、本件において、かかる必要性があったとまでは解し難い」として、整理解雇が無効であると判断した。この事件では、そもそも会社において必要削減人数についての検討を行っておらず、退職

勧奨を拒否した従業員1名を解雇したに過ぎないとの事実が認定されているが、必要性判断の基準時点を解雇時としている点は参考になる。

　基準時点の問題と削減人数ないし人員削減計画の合理性の問題とは分けて考えるべきであり、少々観念的な説明にはなるが、綿密な計画を練ったうえで100名の解雇が必須と判断できるのであれば、仮に99人が退職勧奨に応じて退職したとしても、未だ人員削減の必要性は失われていないと考えられる。反対に、退職勧奨等による人員削減が進んでいなかったとしても、人員削減決定時から経営状況が改善するなどして解雇時には人員削減の必要性が低減していたというのであれば、その整理解雇は人員削減の必要性を満たしていないと判断されることもあり得よう。

　結局、肝心なのは、人員削減計画の緻密性と、その内容を合理的に説明できるかということのように考えられる。削減目標に未達の人員数が極めて少数の場合に整理解雇を無効とした複数の裁判例（奥道後温泉観光バス事件（松山地判平成14年4月24日等））も、このような観点を重視している（その意味で、残り1人となったときにその従業員の解雇が果たして本当に必要なのかという点につき説明のハードルは上がると考えることもできるが、それは基準時点の問題とは別であろう）。

3．企業体質の強化を目的とした攻めのリストラ（戦略的整理解雇）

　単に採算性の向上や利益追求という目的だけでは人員削減の必要性があるとは認められないとの見解もあるが、ナショナル・ウェストミンスター銀行（2次仮処分）事件（東京地決平成11年1月29日）は、「企業には経営の自由があり、経営に関する危険を最終的に負担するのは企業であるから、企業が自己の責任において企業経営上の論理に基づいて経営上の必要性の有

無を判断するのは当然のことであり、また、その判断には広範な裁量権がある」ことを理由として、「将来経営危機に陥る危険を避けるために今から企業体質の改善、強化を図って行う場合も、企業が生き延びることを目的としているのであるから、このような場合についても余剰人員の削減の経営上の必要性を肯定することができるが、更に将来においても経営危機に陥ることが予測されない企業が単に余剰人員を整理して採算性の向上を図るというだけであっても、企業経営上の観点からそのことに合理性があると認められるのであれば、余剰人員の削減の経営上の必要性を肯定することができる」と判示した。

経営危機を前提としない場合でも整理解雇はなし得ると考えられるが、業績が特別悪化しているわけではないという状況下で会社都合の解雇を行う場合には、会社が解雇回避努力義務を尽くしたか否かがより厳格に判断されよう。例えば、不採算部門を廃止したために余剰人員が生じたというケースであれば、余剰人員を他部門に配置することはできないか検討し、あるいは廃止部門の従業員を対象として条件を手厚くした希望退職の募集を行うなど、なし得る限りの解雇回避努力を行うべきである。

4．整理解雇前後の新規採用

整理解雇前後に新規採用を行うことは、通常、人員削減の必要性を否定する事情となる。

オクト事件（大阪地決平成13年7月27日）は、整理解雇が行われた年度に新規採用を行い、整理解雇の2カ月前にも翌年度の新規採用者2名に内定を出していたという事案である。裁判所は、「この者はいずれも新卒者であり、業務に未経験であることなどからすると、債権者3名を解雇して、人員削減措置を採らざるを得ない必要性があったとはいい難い」として、整理解雇を無効と判断した。

また、塚本庄太郎商店（本訴）事件（大阪地判平成14年3月

20日）は、３名の希望退職者を募る約３カ月前にアルバイト２名を採用し、かつ、整理解雇後にアルバイト１名を採用し、さらに、いったん解雇した従業員１名をアルバイトとして再雇用したという事実を認定したうえで、人員削減の必要性の存在を疑わしめるとした。

　もっとも、パートタイマー、アルバイト、派遣社員等の非正規従業員は、一般的には有期契約であったり賃金も正社員と比して低く抑えられていたりする場合が多く、業務量の変動に応じて採否を決定し得るなど雇用調整弁としての機能も有しているため、整理解雇の目的と矛盾せず合理性を有する場合がある。

　他の裁判例では、「整理解雇と併せて、有能な人材を高給で採用し、あるいは、部門により人員を充実させる必要のあることもあり得るのであって、このような事実があるからといって、直ちに、人員整理の必要性がなかったとまでいうことはできない」とする社会福祉法人大阪暁明館事件（大阪地決平成７年10月20日）、「新規採用者の募集は、特別の専門知識や技術を有する者を補充するための募集あるいはコストの安いアルバイト従業員を採用したものであって、債務者における経営合理化策と矛盾するものではない」としたナカミチ事件（東京地八王子支判平成11年７月23日）等がある。

　整理解雇後に新規採用を行ったからといってそれだけで人員削減の必要性が否定されるわけではなく、人員削減の目的との関係で新規採用が合理性を有するといえるか否かについて、具体的な検討が必要である。

Q4　解雇回避努力義務とは

　整理解雇の４要素のうち、解雇回避努力義務とはどんな意味ですか？

A4 解雇回避努力義務とは、人員削減の手段として整理解雇を選択することの必要性をいう。つまりは解雇を回避するためにどんな努力をしたのかということである。解雇回避措置としては、新規採用の停止、役員報酬の不支給・減額、賞与の不支給・減額、時間外労働や休日労働の削減、有期雇用従業員の雇止め、配転、出向、転籍、一時帰休、ワークシェアリング、派遣労働者・業務委託等の外部労働力の整理、希望退職者の募集等が挙げられるが、必ずしもこれらをすべて行わなければならないというものではなく、実現不可能なことまで求められるものではない。

解　説 ……………………………………………………

1. 解雇回避のための努力

　会社が人員削減を行う際には、解雇以外の手段によって解雇回避の努力をする信義則上の義務を負うとされている。会社が他の手段を試みずにいきなり整理解雇の手段に出た場合には、ほぼ例外なくその解雇は解雇権の濫用とされる。

　もっとも、会社が選択した手段と手順が、当該人員整理の具体的状況の中で、全体として解雇回避のための真摯かつ合理的な努力と認められる場合には、解雇回避努力を尽くしたと評価できる。

　会社規模、経営状態、従業員構成、人員削減の必要性や緊急性の程度等を考慮して、会社の採り得る措置を講じたといえる場合には、解雇回避努力を尽くしたと評価される（前掲ナカミチ事件、ヴァリグ日本支社事件（東京地判平成13年12月19日）等。

なお、事業主に対する雇用調整助成金の特例措置の拡大等の雇用維持支援策や、資金繰り支援等の政府等からの支援策が充実しており、積極的に周知もされている状況のもとで、会社がこれらを検討することなく整理解雇に踏み切った場合には、解雇回避努力を尽くしたとは認められなくなる可能性が高いであろう。

2．職種または勤務地限定合意のある従業員に対し、配転や出向を検討すべきか

　契約上、職種や勤務地が限定されている社員については、その職種および勤務地が会社からなくなる場合、他の職種や勤務地への配置転換や転勤を一方的に命令することはできない。

　もっとも、会社としては、配転命令ができないにしても、本人の同意を取得すれば可能となることから、解雇回避努力の一環として、他の職種や勤務地への配属が可能であれば、それを打診し、説得することはすべきである。

3．子会社で整理解雇を行う場合、親会社やグループ会社で子会社の従業員を雇用しなければならないか

　労働契約は各会社が個別に締結するものであるため、たとえ子会社で整理解雇を行うとしても、親会社やグループ会社が雇用義務を負うわけではない。

　もっとも、解雇回避努力の1つとして、会社やグループ会社での空いているポストを提示し、外部より優先的に面接を実施し、転籍させることは検討すべきである。

Q5 人選基準の合理性とは

整理解雇における人選基準の合理性とはどういったものでしょうか?

A5 解雇の対象となる者の選定について、①人選基準が客観的、具体的であること、②基準自体が適正であることおよび③基準の運用が適正であることである。このような基準を事前に設定したうえで、従業員に対して明示して説明しておくのが望ましい。

解　説 ··

1. 意　義

解雇回避努力を尽くしたが、最終的に整理解雇を実施するとなれば、被解雇者を選定しなければならず、会社としては、何らかの基準により、会社との雇用関係を維持する者とそうでない者を選別することとなる。そのため、一部の従業員との間の雇用関係を終了させる選定行為の合理性が問われることになる。

選定行為が合理的か否かは、整理解雇が会社側の経営上の理由により対象となった従業員の雇用関係を終了させるという不利益を負担させるものであるから、そのような不利益を会社が選別した者に負担させることが果たして相当かどうかが問われる。

人選基準が合理的であると言い得るためには、①人選基準が客観的、具体的であること、②基準自体が適正であることおよび③基準の運用が適正であること、が求められる。

２．基準の客観性・具体性

　まず、基準に客観性・具体性がない場合、合理性を否定されることが多い。

　ジャパンエナジー事件（東京地決平成15年７月10日）は、人選基準を出向期間を満了しても転職先の見つからない者としたうえで、出向の人選基準として、「管理職以外の従業員であって、現在及び将来ともにグループ内での活用が困難と判断された者」などとした事案で、「その判断が客観的、合理的に担保されていれば、１つの基準として是認し得るが、現在の活用可能性はともかく、将来の活用可能性という不確定な要素をも判断要素に加える点については、……裁量が入り込む余地が高い」ので、判断が客観的、合理的に担保されているといえるためには、十分な評価基準が整備されていることが必要であるとして、そのような評価基準等の疎明が不十分であるとした。

　労働大学事件（東京地判平成14年12月17日）は、「『適格性の有無』という人選基準は極めて抽象的であるから、これのみでは評価者の主観に左右され客観性を担保できないだけでなく、場合によっては恣意的な選定が行われるおそれがある。このような基準を適用する場合、評価の対象期間、項目、方法などの具体的な運用基準を設定したうえで、できるだけ客観的に評価すべきである」、「『適格性の有無』という人選基準は抽象的であり評価者の主観により左右されやすいものであるところ、客観的合理性を担保する方法で評価が行われた形跡がないこと、被告がこのような人選基準の存在を本件訴訟前に説明しなかったことに合理的理由が見いだせないだけでなく、被告が本件解雇当時これとは異なる人選基準を適用するかのような説明をしていたことからすると、『適格性の有無』という人選基準によって人選の合理性を基礎づけることはできない」とした。

　要するに、「活用困難な者」、「適格性のある者」、「勤務態度が

良い者」、「会社への貢献が見込まれる者」、「会社の方針を守る者」などというだけでは抽象的であり、その判断の基底にどのような事情をどのように考慮したかが問われることになる。具体的な項目として、実務上使用されることが多いものは以下のとおりである。

（1）勤怠状況・規律違反歴

　「遅刻、早退、欠勤」の回数や時間、規律違反歴などは合理性が認められやすい（明治書院事件（東京地決平成12年1月12日）、飛鳥管理事件（東京地立川支決平成21年8月26日）、日本航空事件（東京地判平成24年3月29日））。これらは、定量的であることに加えて、労務による貢献度を測るものとも言い得るからである。

　例えば、日本航空事件では、「過去に休職、病気欠勤、乗務離脱、乗務制限（以下「休職・乗務制限等」という。）があった者は、少なくともそれらの休職・乗務制限等があった期間、運航乗務員の本来の業務である運航業務に従事できず、又は一定の制約下で従事していたのであるから、休職・乗務制限等がなかった者と相対的に比較すれば、過去の運航業務に対する貢献として劣る面があったといわざるを得ないし、将来の運航業務に対する貢献の想定にあたっても相対的に劣る可能性があると判断することは不合理ではない」と判示した。

（2）人事考課

　これに対して、人事考課を基準とすることは、営業成績（売上高、成約数、顧客からの指名数など）や資格の有無のように客観的な指標で測ることができるものもあるが、評価者の主観が影響する要素も含まれることから、人事評価の適正さ（評価制度が整備されているか、評価項目が開示されているか、評価者訓練の有無、二次評価者の有無、目標設定や評定への従業員

の関与の有無・程度、不服申立制度の有無など）が問われることが多い（オクト事件（大阪地決平成13年7月27日）、イセキ開発工機事件(東京地判平成15年12月22日)、前掲飛鳥管理事件）。

　例えば、合理性を肯定された飛鳥管理事件では、次のような選定基準を用いて、また複数の評価項目を総合的に検討していたことから、いずれも主観による影響が少ないと指摘されている。

(a) 顧客アンケートの評価
(b) 顧客からの指名数および拒否数
(c) 紹介入所者数
(d) 遅刻・早退・欠勤の項目ごとの点数を集計する方法を用いた選定基準

3．基準自体の適正さ

　基準が客観的なものであったとしても、そもそもその内容が適正なものである必要がある。強行法規違反や公序良俗違反となるものは合理的とはいえない。その他にも、以下のものが問題となり得る。

（1）　不採算部門や閉鎖部門に所属している

　不採算部門や閉鎖部門に所属している者を対象とすることは、それだけでは直ちに人選基準の合理性が肯定されることにはならない。

　ロイズ・ジャパン事件（東京地判平成25年9月11日）は、解雇回避措置として希望退職者募集を行うことが客観的に期待できなかった事情は認められないことを指摘し、「たとえ削減対象とする職務として本件5職務を選定したことに客観的合理性があったとしても、本件5職務に現に従事していたことを基準

として、原告を被解雇者として人選したことに合理性があるものとは認められない」とした。

　つまり、人員削減の対象とした部門の選定に合理性があったとしても、それが直ちにその部門に従事していた従業員の解雇を基礎づける人選の合理性に結びつくとは限らないという点には留意する必要がある。

　山田紡績事件（名古屋高判平成18年1月17日）は、部門の全面閉鎖が不可避であったとしても、希望退職者募集、配置転換等の解雇回避努力を免れないとした。つまり、閉鎖対象となる部門以外からも希望退職者募集や配置転換等を行う余地があり、部門に属する者を選定した整理解雇を断行する以前に検討すべき点があると判断した。

　日本通信事件（東京地判平成24年2月29日）は、リストラの迅速な実施のため、特定部門の者を対象とすることはそれのみでは不合理とはいえないが、選定手続は、リストラ等の円滑な遂行を妨げない範囲で個別具体的な事情にも相当程度配慮しつつ行う必要があるとした。この裁判例も、リストラの対象部門の合理性が直ちにその部門に所属する者を選定した解雇の合理性を基礎付けるものではないということを前提にしつつ、選定手続は個別具体的な事情に配慮したうえで、合理的な基準で行う必要があるという趣旨を述べたものと理解できる。

　個別具体的な事情を検討した事案としては、ナカミチ事件（東京地八王子支決平成11年7月23日）が挙げられる。

　同事件は、会社の経営合理化の方針として、不況業界にあって、専門技術を有するメーカーたるべく、会社を高い技術を持つ専門技術者からなる開発集団として再建することを目指し、そのため会社再建に不可欠な専門技術・知識を有する者以外は可能な限り削減することとなった。その後、会社の業績が経常損失を計上する見通しとなり、関連会社との業務機能の整理統合や不要業務の見直しなどを進めた結果、従業員Aが所属して

第1章　雇用維持のために講じる人件費負担軽減策の考え方と進め方

いた経理部情報システム・データ管理グループの縮小を決定した。さらに、同グループに所属していた3名の正社員につき各人の能力や担当業務内容を検討し、3名のうち、従業員Aが日次・月次のデータ処理のオペレーション業務といった日常的な機械処理操作を担当していたのに対し、他の2名はシステム設計やプログラム開発などのより高度な専門知識が要求される業務を担当していたことから、従業員Aを削減の対象とした。そして、裁判所は、従業員Aを削減の対象としたことにつき、合理性を肯定した。

（2）　会社の合理化計画に非協力的だった

「配置転換に応じなかった者」「賃金減額に応じなかった者」「退職勧奨に応じなかった者」など、会社の合理化計画に非協力的だった者を整理解雇の対象とすることはできるだろうか。

基本的には、それだけでは合理性は肯定されないと考えるべきであろう（宝林福祉会事件（鹿児島地判平成17年1月25日）、土藤生コンクリート事件（大阪地決平成7年3月29日）、日新工機事件（神戸地姫路支判平成2年6月25日）、九州日誠電氣事件（熊本地判平成16年4月15日））。

これは、配置転換、賃金減額、退職勧奨などについてのそもそもの合理性・相当性と、整理解雇の対象となる人選基準の合理性は性質を異にするからである。また、会社の合理化措置に非協力であったことを理由とする整理解雇を認めると、労働条件の不利益変更に応じるか、または整理解雇されるかの二者択一の状況を作り出すことになり、事実上、整理解雇を盾に労働条件の不利益変更に応じざるを得ないという事態となり、従業員の自由な意思決定を阻害するおそれが生じるからである。

したがって、会社の合理化策に応じなかったというだけでは合理的な人選基準とはならないと考えるべきであろう。

Ⅳ　人員の削減—いる人を減らす

（3）　雇用形態

　短時間・有期雇用労働者法に関する厚生労働省の通達「短時間労働者の雇用管理の改善等に関する法律の一部を改正する法律の施行について」（平成19年10月 1 日基発1001016号・職発1001002号・能発10010001号・雇児発10010002号）では、「経営上の理由により解雇を行う場合には、解雇対象の選定が妥当である必要があるが、通常の労働者と同視すべき短時間労働者については、労働時間が短いことのみをもって通常の労働者より先に解雇する場合には、解雇対象者の選定基準の設定において差別的取扱いがなされていることとなり、法第 8 条違反となる」とされている。

（4）　年齢・勤続年数

　年齢・勤続年数によって選別することは、年功序列型の賃金制度を採用している会社の場合、高年齢者のほうが若年者と比べて相対的に給与が高額になることから、人件費の削減のために、高年齢者を整理解雇の対象とし、少ない削減人数で削減目標を達成しようとすることは合理的であるといえる（泉州学園事件（大阪地堺支判平成21年12月18日））。また、一定年齢・勤続年数以下の者を選別する場合も、被る経済的打撃の低さに着目した場合は一定の合理性を持つことになる。

　もっとも、年齢・勤続年数は、矛盾する価値を孕むものでもある。例えば、高年齢層を対象とすることは、定年年齢までの雇用継続への期待があることや、高年齢者の再就職は一般的には厳しいという実態もあるので、そのような点を指摘して合理性を否定した裁判例もある（ヴァリグ日本支社事件（東京地判平成13年12月19日））。

4. 運用の適正さ

基準自体が合理的であったとしても、基準へのあてはめが誤っていれば、その判断結果は当然合理的とはいえない。基準に該当すると判断した基礎となる事実に誤りがなく、基礎として事実に対する評価が妥当であることが必要となる。

前掲イセキ開発工機事件は、業務上の必要性という基準について、具体的な運用基準がないなど、結局、総合的に判断したというだけで基準として機能しておらず、また、具体的な評価根拠の存在も疑わしいとして、人選の合理性を否定した。

前掲オクト事件は、被解雇者よりも評価が低い者が整理解雇の対象とされていないことから、恣意的判断があった可能性があることなどを指摘して、人選の合理性を否定した。

5. 基準の事前の明示

人選が合理的であるという判断においては、そもそも人選基準が事前に明示されなかった場合、それだけで直ちに人選基準の不合理性が認定されるわけではないが（前掲泉州学園事件）、実際には、多くのケースで人選の合理性を否定する判断材料として指摘されている（東亜外業事件（神戸地決平成23年11月14日）、オー・エス・ケー事件（東京地判平成13年11月19日）、前掲労働大学事件）。

手続きの妥当性とも関連するが、具体的・客観的な基準が設けられ、それにあてはめた選別を行うのであれば、通常であればそれは何らかの形で従業員に提示され、説明されるであろうという経験則から、基準の事前提示がなされなかった場合、具体的・客観的な基準が設けられていないのではないかという推論が働くことによるものと考えられる。

6．実務上の留意点

　会社の対応としては、恣意的な選別でないことの証として客観的な人選基準を設け、それに照らし合わせながら対象を判断すべきであり、そのような対応をする以上は、設けた人選基準をあらかじめ明示して説明しておくことが、合理性が一定程度以上あることを推認させる事情を確保できる。また、手続きの相当性にとってもプラスとなる。

Q6　手続きの相当性とは

　整理解雇における手続きの相当性とはどういったものでしょうか？

A6　会社は従業員や労働組合に対し、整理解雇の必要性、時期、規模、方法等について十分に説明し、協議しなければならないということである。

　　解　　説 ……………………………………………………

1．意　　義

　整理解雇は、会社側の経営上の必要性を理由に従業員を解雇するものであるから、会社は、従業員の了解が得られるよう努力する信義則上の義務を負っていると解されている。

　したがって、労働協約において解雇協議条項などが明示的に定められている場合はもちろん、そうでない場合であっても、会社は従業員や労働組合に対し、整理解雇の必要性、時期、規

模、方法等について説明し、協議しなければならない（前掲東亜外業事件、前掲泉州学園事件）。

２．説明の内容・程度

　行うべき説明の内容・程度としては、経営状況（人員削減の必要性）、整理解雇の実施時期、整理解雇による人員削減の規模、退職勧奨・整理解雇の基準等の具体的な内容について説明する必要がある。ホクエツ福井事件（名古屋高金沢支判平成18年５月31日）は、労働組合に対して行った説明が経営状況等に関するもので、整理解雇の実施時期、人数、選定基準に関する具体的な説明がなかったとして、整理解雇について十分な説明をし、誠実に協議したとはいえないとした。

　説明の際には、整理解雇をする旨明確に通知することも必要となる。横浜商銀信用組合事件（横浜地判平成19年５月17日）は、事前に経営合理化策の説明はなされたが、整理解雇を行う旨の通知がなければ、それが整理解雇の事前の説明・協議には該当しないとした。また、アイレックス事件（横浜地判平成18年９月26日）は、整理解雇に際しての個別面談において、解雇が整理解雇である事実および被解雇者の人数を告げていないほか、解雇理由として解雇理由証明書に記載された整理解雇の条項とは異なる普通解雇の条項を告げていたこと等を理由として、手続きの相当性を否定した。

　説明に際して、質問や資料の提出要求に対しては、特段の事情がない限り、誠実に対応すべきであり、それが欠けると手続きの相当性が否定されることがある（前掲塚本庄太郎商店事件、揖斐川工業運輸事件（横浜地川崎支決平成12年９月21日））。

　これらは、そもそも会社と従業員との間には経営状況等に関する情報の非対称性が存在し、会社の経営状況を理由として雇用関係を終了させるものであるから、その情報格差を可能な限りなくすよう努め、整理解雇について従業員の了解を醸成する

努力を会社に課したものと理解できる。

3．協議の内容・程度

　また、説明・協議においては、単に一方的な情報伝達だけでは不十分で、従業員から意見を聞き、誠実に協議することが求められている。

　前掲東亜外業事件は、過半数組合と交渉を行わずに工場閉鎖に伴う解雇を実施するという既定路線を敷き、これに関して誠実に交渉を行ったり譲歩したりすることもなく進め、その間、解雇対象者の個別的な配転可能性を具体的に検討することなく整理解雇を実施した事案で、誠実に協議・説明をしたとはいえないとした。

　高松重機事件（高松地判平成10年6月2日）は、労働組合に対して人員削減の必要等を説明したが、整理解雇の具体的な実施につき明確な意思表示を避けたまま整理解雇に踏み切った事案で、労働組合の納得を得るため誠意をもって協議を尽くしていないとした。

　グリン製菓事件（大阪地決平成10年7月7日）は、会社解散に伴う整理解雇の場合でも、会社としては、解雇に関する諸条件について、労働組合や個々の従業員からの意見聴取や折衝等を行い、被解雇者らの一応の了解が得られるよう協議を尽くすべきであると判示した。

　これらに対して、会社が解雇の必要性、その時期、方法につき、納得を得るために説明を行い、誠意をもって協議したと判示し、和解が成立しなかったのは和解を拒否するとの従業員の強い意向が原因であることを認めた東京都土木建築健康保険組合事件（東京地判平成14年10月7日）では、使用者は次のような対応をしていた。

　・整理解雇日の1カ月前に予告をし、その際にも解雇対象

となった従業員に解雇理由を説明するとともに、その後解雇日まで4回にわたり本件労働組合と協議を重ね、本件解雇の理由、会社の経営状況について、資料を提出しながら説明した
・本件解雇日後の東京都労働委員会のあっせん手続においても、解雇理由書を交付したりして協議に応じた

また、会社の対応が不当なものであったとまでは認めることができないと判示した東洋水産川崎工場事件（横浜地川崎支決平成14年12月27日）においては、次のような対応をしていた。

・工場閉鎖の発表後、整理解雇に至るまでの間に、解雇対象となった従業員らが所属していた労働組合と6回にわたる団体交渉を行い、団体交渉の場において、工場閉鎖の必要性、対象者らに対して提案し得る職場は3カ所であり、受入れ先がないために某工場以外への転勤を提案できないことを説明
・解雇後も2回の団体交渉を行い、解雇せざるを得なかった理由や、本社等へ転勤させることができなかった理由について説明

要するに、対象となった従業員が実際に納得することまでは要しないが、一応の納得が得られるよう、人員削減の必要性、解雇回避努力の内容、人選基準などについて、具体的に説明し、誠実な協議を行うことが求められている（第2章**Ⅶ**参照）。

4．説明時期

このように、従業員が一応の納得が得られるような説明、協議を実質的に行うことが要求されていることから、説明・協議から整理解雇の実施までの期間が短い場合、実質的な協議を経

ていないと評価されるおそれがある。

　沖歯科工業事件（新潟地決平成12年9月29日）は、整理解雇実施の予告から方針決定および基準の説明までの間が10日間、説明から解雇の意思表示までの間が10日間しか空いていなかった事案で、その間、従業員、労働組合分会との協議の機会があったとしても、解雇手続としてあまりに性急であるなどとして、手続きは不相当と判断された。

　前掲ヴァリグ日本支社事件は、整理解雇通告当時、ブラジル・日本間の国際便増便が予定されていて、日本支社の業務量も増加することが予想されていた。また、春闘においても、ベースアップと通常どおりの賞与支給を会社側が受け入れる形で妥結していたため、日本支社においても経費削減のため人員整理を断行する必要があるとの事情は、会社からの具体的かつ明確な説明がない限り、退職勧奨・整理解雇の対象となった職員が納得することは困難であった。にもかかわらず、支社長が人員削減の必要性に初めて言及したのは解雇通告の約3カ月前であり、しかも、同日から本件解雇通告に至るまで、被告は人員削減の規模や退職勧奨・整理解雇の基準を終始明確にしなかったとして、手続きの相当性を否定した。

　人員削減の必要性やあり得る解雇回避努力の内容などにもよるが、あまりに短い期間で整理解雇を実施した場合、説明の充実の程度や協議の誠実さに欠けると言われかねない点に注意が必要となる。

Q7　アウトソーシングが決定した部門に所属する従業員の整理解雇

今回のコロナ恐慌によって会社の業績が極めて悪化したことから、不採算部門についてはアウトソーシン

第1章　雇用維持のために講じる人件費負担軽減策の考え方と進め方

グすることにしました。当該部門に属する従業員を整
理解雇することはできるでしょうか？

A7 整理解雇4要素に従って判断されるため、当該
部門の従業員を直ちに整理解雇の対象とすることが肯
定されることにはならない。

解　　説‥‥‥‥‥‥‥‥‥‥‥‥‥‥‥‥‥‥‥‥‥‥‥‥‥‥‥‥‥‥‥‥

1．部門閉鎖に伴う整理解雇の判断枠組み

　整理解雇の有効性の判断は、①人員削減の必要性、②解雇回
避努力、③人選基準の合理性、④手続の妥当性の4つの要素を
総合的に考慮して判断される（**Ⅳ**-**5**-**Q2** 〜 **Q6** 参照）。

　そして、裁判例の傾向としては、不採算部門や閉鎖部門に所
属している者を対象とすることは、それだけで直ちに人選基準
の合理性が肯定されるとはしておらず（ロイズ・ジャパン事件
（東京地判平成25年9月11日）、山田紡績事件（名古屋高判平成
18年1月17日）、日本通信事件（東京地判平成24年2月29日）、
ナカミチ事件（東京地八王子支決平成11年7月23日））、希望退
職募集や配置転換等の解雇回避努力を行うことができないのか
を個別の事情に基づき検討している。

　したがって、個別の事情下において、上記4要素を検討する
ことが必要となる。

2．本件における検討

　個別の事情にもよるが、早急に整理解雇を実施しなければ倒
産必至の状態であるなどの人員削減を早急に実現すべき必要性

が顕著である場合や、業務適性の問題から代替性がなく、配置転換等を講じることができないとか、全社的に希望退職者募集を行うと大きな混乱を伴うなど解雇回避努力を使用者に要求することができない事情がある場合には、当該閉鎖部門に所属している者を対象とすることの合理性が肯定される場合もあり得る。

　しかし、そのような事情が存しない場合には、当該部門に所属しているというから直ちに整理解雇の対象とするのではなく、個別の解雇回避措置を講じることができないかを検討すべきである。

> ## Q8 希望退職者募集に応じない従業員に対する整理解雇の合理性
>
> 　今回のコロナ恐慌によって会社の業績が極めて悪化したことから、複数ある工場の1つを閉鎖することにしました。そのため、その工場で勤務している従業員については、他の工場で勤務してもらうか、あるいは退職してもらうしかなく、希望退職者募集を実施しましたが、一部の従業員がそれに応じません。会社として整理解雇もやむなしと考えていますが、問題ないでしょうか？
>
> --
>
> ## A8 希望退職者募集の目標人数に達しなかったことをもって直ちに整理解雇が正当化されるわけではなく、整理解雇を実施する際、改めて整理解雇4要素に従って検討することが必要となる。

　希望退職者募集の目標人数に達しなかったことをもって直ち
に整理解雇を実施できるということにはならない。希望退職者
募集の前に、会社内では既に整理解雇の対象者の人選を行って
おり、その対象者を含めた従業員を対象として希望退職者募集
を実施したのだとしても、その後の希望退職者の退職状況や会
社の業績等によって、当初の人員削減の必要性が質的または量
的に変化していくことがあり得るからである。

　希望退職者募集を実施した結果を踏まえて、整理解雇を実施
する時に、改めてどのように進めるかを検討する必要がある。

・希望退職者募集の目標人数は未達に終わったが、再度の
　募集その他整理解雇以外に採り得る手段はないか
・整理解雇を実施するとしても、どのような人選基準を設
　定するか
・整理解雇を実施する場合の手続き

Q9　希望退職者募集で1名未達の場合の整理解雇の合理性

　今回のコロナ恐慌によって会社の業績が極めて悪化
したことから、人員削減を行う必要があり、先般、希
望退職者募集を実施しました。募集人員20名に対し19
名から応募があり、1名が未達となりました。この1
名を整理解雇することはできるでしょうか？

A9　希望退職者募集の目標人数に達しなかったこと

をもって直ちに整理解雇が正当化されるわけではな
く、整理解雇を実施する際、改めて整理解雇４要素に
従って検討が必要となる。

解　　説・・・

　Ⅳ-**⑤**-**Q8**で述べたとおり、希望退職者募集の目標人数に
達しなかったことをもって直ちに整理解雇を実施できるという
ことにはならない。希望退職者募集を実施した結果を踏まえ
て、整理解雇を実施する時に、改めて人員削減の必要性や整理
解雇以外に採り得る手段、整理解雇を実施する場合の人選基
準、手続きをどのように進めるかを検討する必要がある。
　特に、募集人員20名に対し19名がこれに応じ、残すところ１
名となった場合、その１名につき、配転、出向、転籍などが可
能とならないのかという視点での解雇回避努力が求められる可
能性がある。再度、当該１名と面談し、配転等に応じる可能性
や退職の意向を聴取し、それを踏まえた４要素の再検討が必要
になる。できることはやり尽くしたといえるのであれば整理解
雇もやむなしと思われる。

Q10　転籍を拒んだ従業員を整理解雇することはできるか

　今回のコロナ恐慌によって会社の業績が極めて悪化
したことから、ある部門を事業譲渡によって他社に売
却することにしました。そのため、当該部門に属して
いた従業員には、他社への転籍を打診しているのです

が、転籍を拒んだ従業員を整理解雇することは問題な
いでしょうか？

A10 転籍を拒んだことを理由に直ちに整理解雇をす
ることはできない。整理解雇の4要素の観点から改め
て検討する必要がある。

解　説 ・・

1．問題状況の整理

　前述のとおり（**III**-**2**-**Q3**参照）、転籍は従業員の同意が必
要となる。転籍を拒否したからといって、そのことを解雇事由
にすることはできない。

　転籍を検討していた者から転籍を拒否された結果、その者を
余剰人員であるとして雇用関係を終了させる場合、改めて整理
解雇の実施を検討することになる。

2．整理解雇の検討

　整理解雇は、前述のとおり（**IV**-**5**-**Q2** ～ **Q6**参照）、いわ
ゆる整理解雇の4要素をもってその有効性は判断される。した
がって、整理解雇を実施する際、①人員削減の必要性、②解雇
回避努力義務、③人選の合理性、④手続の相当性の観点から、
当該解雇が客観的合理性・社会通念上相当性が備わっているか
を検討しなければならない。

　この点について、転籍を打診したことは、②解雇回避努力を
行ったと評価され得る（もちろん、転籍を打診したから解雇回
避努力を尽くしたということにはならず、その他の措置も講ず

ることができたのかが問われる)。

　もっとも、「転籍を拒否した者」という人選基準が設定されて整理解雇が実施された場合、それだけで解雇が有効となるわけではない。改めて整理解雇を実施する時点で、再度、上記4要素の観点から整理解雇の有効性を検討しなければならない。

　千代田化工建設事件（東京高判平成3年5月28日）は、移籍を拒否した従業員に対する解雇について、すでに移籍による効果を達しているとして、人員削減の必要性を否定した。

　アメリカン・エキスプレス・インターナショナル事件（那覇地判昭和60年3月20日）は、事業部門閉鎖に伴い、当該部門に属した者を解雇した事案であるが、他営業所への配置転換、同一系列会社へ出向させることなども十分に考えられる解雇回避措置であると指摘して、解雇回避努力が不十分であり、解雇は無効と判断した。

　前掲日新工機事件は、希望退職者を募集したが、目標人員未達のため、「移籍を拒否した者」という整理解雇基準に該当するとしてなされた整理解雇について、整理基準そのものに客観的合理性がないとした。

　このように、転籍に応じなかったというだけでは直ちに整理解雇を有効とする理由にならず、改めて人員削減の必要性、解雇回避努力の内容、人選基準の合理性、手続きの相当性が問われることになる点に注意を要する。

Q11　人員削減に併せて行う問題社員の解雇

　今回のコロナ恐慌によって会社の業績が極めて悪化したことから、人員削減を行う必要があります。ちょうど日頃から勤務態度が悪い従業員がいるので、当該従業員を解雇しようと思いますが、それは整理解雇に

第1章　雇用維持のために講じる人件費負担軽減策の考え方と進め方

あたるのでしょうか？

A11 勤務態度不良が普通解雇事由に該当する場合は普通解雇として処理すべきであるが、その程度に至らない場合、整理解雇として処理することになる。その際、勤務態度不良は人選の中で考慮することになると思われる。

解　説..

1．問題状況の整理

　本件は、業績悪化による人員削減を行う必要があり、かつ日頃から勤務態度が不良である等の理由で雇用関係を終了させたいと考えている従業員がいるとのことであり、当該従業員を解雇した場合、当該解雇の有効性を判断する解雇権濫用法理において、その判断基準は普通解雇のそれとなるのか、それとも整理解雇のそれとなるのか問題となる。

2．普通解雇と整理解雇の峻別

　講学上は、解雇は、従業員側に起因する普通解雇と、会社側に起因する整理解雇に大別される。

　このうち、会社側に起因する整理解雇の有効性は整理解雇の4要素の判断枠組みで判断され、従業員側に起因する普通解雇に比べて厳格な基準が用いられる。したがって、会社としては、当該従業員の能力不足や非違行為が、それだけで普通解雇を有効にするに足りる事由であると判断した場合、解雇権濫用法理の判断枠組み（労契法16条）において、普通解雇を前提とした

解雇事由を主張していくほうが適切である。その際、会社の経営状況に言及することもあり得るが、それは雇用関係をこれ以上維持し得ない事情を支える間接事実という位置づけになると考えられる。

　他方、それだけで普通解雇を有効にするに足りる事由がなくても、会社の状況によって人員削減をする必要があると判断し、その状況下でまず対象とすべきは能力不足の者や非違行為歴のある者であるという思考過程を経て、解雇に踏み切る場合もあり得る。この場合、判断の出発点としては、会社の経営上の理由による整理があり、そのうえで人選をするという段取りに進んでいることから、整理解雇になる。

　このように、会社が解雇を実施した主たる理由がどこにあるのかによって、普通解雇なのか、整理解雇なのかが分かれる。実務上、その区別があいまいになり、整理解雇の主張をしているにもかかわらず、勤務態度や労働能力について必要以上に争点が設定されてしまうことの弊害が指摘されている（白石哲編著『労働関係訴訟の実務（第2版）』386頁）。また、「使用者側において、整理解雇事由に人的理由による解雇を併せて主張することにより、解雇の判断基準を相対的に緩和させようとするかのような主張がなされることが稀にみられる」が、「このような場合における整理解雇事由と人的理由による普通解雇事由の相互補完的な主張は許されるべきではない」との指摘にも留意する必要がある（前掲335頁）。

　これらの指摘については、従業員側の能力不足等を理由とする普通解雇と会社側の経営環境を理由とする整理解雇とでは、その性質を異にすることから、異質のものを一緒くたにすべきでなく、一緒くたにしたところで判断が緩やかなものになるわけではないという意味ではそのとおりであろう。

　もっとも、上記のとおり、普通解雇において、会社の業務への影響や経営上の不利益の度合いを主張し、解雇回避措置の不

存在等に関連する主張をすることは大いにあり得る。また、整理解雇において、被解雇者の人選基準として、勤怠状況、規律違反、人事考課などの従業員側の事情を取り上げることも、大いに考えられるところである（**Ⅳ**-**5**-**Q5**参照）。

会社としては、解雇理由の構成上、当該事実を適切に位置づけ、その事実が持つ意味を説得的に説明しつつ、主張立証を展開する必要がある。

3．本件の対応

本件では、コロナ恐慌により会社の業績が悪化し、人員削減を行う必要性があることが第一次的な事由として生じていることから、基本的には整理解雇としてその有効性を判断することになる。

もっとも、日頃の勤務態度の悪さがそれ自体で普通解雇事由に相当する場合は、普通解雇となる。

6　労使交渉

Q1　人員削減に関する団体交渉を行ううえでの留意点

今回のコロナ恐慌によって会社の業績が極めて悪化したことから、人員削減を行い、予定どおりの人員が減らない場合には整理解雇も視野にいれなければならない状況です。当社には従業員の6割が加入している労働組合があるので、その労働組合と協議を尽くして行う必要があると考えていますが、どのような点に留意しながら進めればよいでしょうか？

希望退職者募集を実施する前に労働組合に団体
交渉の申入れを行い、できる限り希望退職者募集の内
容等について労働組合の合意を得るのが妥当。そのう
えで、希望退職者募集を行った後も、整理解雇を行う
必要があれば、改めて労働組合に団体交渉を申し入
れ、整理解雇を行う予定であること、その時期、整理
解雇の予定人数、人選の基準、整理解雇を行う必要性
等を説明し、納得を得る努力をする必要がある。

解　説・・

1．整理解雇の4要素としての手続きの相当性

　整理解雇の4要素の1つとして、手続きの相当性があるが、
これは労働者に対する説明、労働組合との協議を十分に行う必
要があるという意味である。

　裁判例では、「整理解雇は労働者に何らの帰責事由がないに
もかかわらず解雇されるものであるから、使用者は、雇用契約
上、労働者の了解が得られるよう努力する雇用契約上の義務を
負っているというべきであり、使用者は、整理解雇にあたり、
労働者や労働組合に対し、整理解雇の必要性、規模、時期、方
法等について説明し、十分に協議する義務があり、これに反す
る解雇は無効となるものというべきである」と判示するものが
あり（東亜外業事件（神戸地判平成23年11月14日））、その他に
も「整理解雇を行う使用者は、組合ないし労働者との間で説明
や交渉の機会を持つべき」、「整理解雇のような労働者側に重大
な不利益を生ずる法的問題においては、関係当事者が十分意思
疎通を図り誠実に話し合うというのが我が国社会の基本的な

ルールであり、公の秩序というべきである」と判示したものも
ある（泉州学園事件（大阪高判平成23年7月15日））。

　ここで重要なことは、仮に労働組合との間で協議が平行線に
なることが見込まれる場合であっても、会社としては、協議の
機会を設け、協議を行うことが必要であるということである。

2. 団体交渉の開始時期、説明・協議すべき事項

　実務上、本ケースのように従業員の過半数を組織する労働組
合がある場合においては、希望退職者募集を実施するよりも前
の段階で、会社から、労働組合に対して、団体交渉を申し入れ
ることが多いと思われる。そして、できる限り、労働組合と合
意のうえ、希望退職者募集を行うのが望ましい（協議の中で、
割増退職金の金額、実施時期、募集人数等について合意できる
のが望ましい）。もちろん、合意できなかった場合には、会社の
責任で、希望退職者募集を行うということになる。

　人員削減という会社にとって極めて大きな問題の場合、会社
は、受けて立つという姿勢ではなく、自ら積極的に説明すると
いう姿勢であることが望ましい。

　そして、希望退職を実施した後、整理解雇をしなければなら
ないという場合には、改めて、労働組合に団体交渉を申し入れ
る必要があろう。ここでも、受けて立つという姿勢ではなく、
自ら積極的に説明するという姿勢であることが望ましい。

　整理解雇について、何を協議するか、説明するかという点に
ついてであるが、裁判例の中には、「整理解雇を実施する予定の
有無、その時期及び方法について説明をした上で、その了承を
得るため誠意ある協議を全く行っていない」（九州日誠電氣（本
訴）事件（熊本地判平成16年4月15日））と指摘するもの、ま
た、「実施する整理解雇の時期及び人員数について具体的に説
明したものではなく、被解雇者の選定が過去の処分歴及び人事
評価査定を基準とすることについても、その旨の説明はあった

が、その具体的内容の説明はなかった」、「説明がなされたのは
昼礼の際であった」（ホクエツ福井事件（名古屋高金沢支判平成
18年5月31日））と指摘するものがあること等を踏まえると、整
理解雇を行う予定であること、その時期、整理解雇の予定人数、
人選の基準、整理解雇を行う必要性等を説明し、納得を得る努
力をする必要があろう。この整理解雇を行う前の団体交渉は、
やり過ぎではないかというくらい回数を重ね、説明内容も充実
させる必要があろう（もちろん、可能な範囲でであるが）。

ストーリーで学ぶ
整理解雇を見据えた
人員整理相談事案への対応

プロローグ

　弁護士が整理解雇を見据えた人員削減に関する相談を受けた際、どのようなことを考え、どのようなアドバイスをし、どのように解決するのかを紹介する。

　なお、出てくる企業等は、実在しないものである。

登場人物

B総合法律事務所：東京に事務所を構える弁護士4名の労働法
を専門に扱う法律事務所

 B弁護士：ボス弁護士（弁護士歴35年）

 P弁護士：パートナー弁護士（弁護士歴15年）

 A1弁護士：アソシエイト弁護士（弁護士歴8年）

 A2弁護士：アソシエイト弁護士（弁護士歴1年）

Z株式会社：超大型冷蔵庫の製造・販売をしているメーカー

 Y人事部長

 X人事課長

 W人事係長

Z社の概要

　社員数は正規・非正規合わせて100名程度、資本金は2億円。

　数年前に中国企業に買収され、中国企業の100％子会社になっている。コロナ禍を受けて昨年に希望退職者募集を行い人員の削減を行ったが、さらなる人員削減が必要となった。

P：先程、顧問先のD株式会社の人事部長から電話があり
ました。知合いの会社が今回のコロナ騒動で経営が悪化
し、再建のために整理解雇も視野に入れて対策を考えたい
という相談をしたいと言っているようで、B先生を紹介し
てよいでしょうかという問合わせがありましたが、どうし
ますか？

 B：コロナ騒動はこれまでにない未曽有の危機で、新聞紙
上でも、解雇や雇止めが増えているということが書かれて
いて、リーマンショックのとき以上に、企業の合理化が進
む可能性がありますね。P先生はリーマンショックのとき
に整理解雇の相談をたくさん受けたから、どのようにアド
バイスしていくのかというのはわかっていると思うけど、
A1弁護士はまだ本格的な整理解雇事案に関与したことは
なかったよね？

 P：そうですね。

 B：A2弁護士にも良い経験になると思うので、依頼者の
話を聞いてからにはなるけれども、基本的に受任していく
という前提で進めましょうか。

 P：了解しました。では、D株式会社の人事部長にはその旨
を伝えておきますね。

 B：うん。よろしく。ご紹介いただいたお礼も伝えておい
てください。

 P：了解しました。

	流れ	内容・関連書類	ページ数
1	相談の端緒 （令和3年2月5日）		177
2	打合わせ前の所内会議 （令和3年2月10日）	・打合わせに必要な資料の準備連絡	180
3	1回目打合わせ **ヒアリング** （令和3年2月20日）	・企業概要、経営状況、コロナ禍により講じたコスト対策のヒアリング 【関連書類】 ・組織図、業界全体の総売上高と前年比の整理表、Z社の受注高、売上高、営業損益、当期純損益の整理表、営業中案件整理表、アフターマーケットによる売上高推移表、コスト削減策一覧表（会社案内、就業規則類一式、労使協定一式、会社の経営状況がわかる資料、コスト削減の一覧および削減効果がわかるもの）	185
4	所内会議1 （令和3年2月20日夜）	・労働事件担当のポイント ・スケジュールの立て方	202
5	2回目打合わせ **スケジュールおよび組織再編プランの確認、希望退職募集要項の検討** （令和3年2月28日）	・希望退職者募集スケジュールの確認 ・組織再編プランの確認 ・各部の必要人員数の根拠の確認 ・希望退職者募集要項の検討 【関連書類】 ・希望退職者募集スケジュール案 ・再編後の組織図 ・再編後の必要人員数 ・希望退職者募集要項案	207
6	所内会議2 （令和3年2月28日夜）	・会社の状況を正確に把握するためのポイント ・希望退職者募集は会社の承認・承諾を要件とする理由 ・残存有給休暇を買い取る理由	222
7	3回目打合わせ **希望退職者募集・個人面談時の説明内容の検討、残ってもらいたい人を選んだ理由の確認** （令和3年3月10日）	・希望退職者募集に関する説明内容の検討 ・個人面談時の説明内容の検討 ・個人面談時の具体的な対応 ・残ってもらいたい人を選んだ理由の確認	227
8	所内会議3 （令和3年3月10日夜）	・個人面談想定問答作成のポイント ・希望退職者募集の説明、個人面談ロールプレイングの必要性	237

	流れ	内容・関連書類	ページ数
9	4回目打合わせ **希望退職者募集説明会後の質問、個別面談のロールプレイング** （令和3年4月5日）	・希望退職者募集説明会後の質問ロールプレイング ・個別面談のロールプレイング	240
10	所内会議4 （令和3年4月5日夜）	・想定問答作成の仕方①　記録の整理 ・想定問答作成の仕方②　時系列表の作成 ・想定問答作成の仕方③　質問の作成	246
11	電話での相談 **希望退職者募集の発表前に退職願が提出された場合の対応** （令和3年4月25日）	・希望退職者募集への応募に変更したいといわれたら？ ・募集人員数の変更は必要？	251
12	5回目打合わせ **応募人数未達の場合の対応** （令和3年5月13日）	・応募状況、締切延長スケジュールの確認 ・応募締切前後に行う個別面談時の対応	253
13	6回目打合わせ **整理解雇を視野に入れた対応の検討** （令和3年5月19日）	・応募状況の確認 ・未達1名を整理解雇とすることの是非 ・応募しない社員への退職勧奨時の説明内容の確認	255
14	7回目打合わせ **最後の応募機会の付与、解雇通知書の作成** （令和3年5月24日）	・応募状況の確認 ・最後に希望退職者募集に応募する機会を与える ・解雇通知書の作成 【関連書類】 ・希望退職者募集への応募を求める通知書 ・解雇通知書	260
15	所内会議5 最後に希望退職者募集に応募する機会を与える意味 （令和3年5月24日夜）		267
16	8回目打合わせ （令和3年6月1日）		270
17	退職合意書に関するやりとり （令和3年6月28日）	【関連書類】 ・合意書	271

1 初回打合わせ時に用意してもらう資料は？

P：先日の整理解雇を視野に入れた合理化の相談ですが、令和3年2月20日午後1時に決まりました。企業の名前は、Z株式会社です。企業規模は社員数が正規・非正規合わせて100名程度、資本金は2億円、超大型冷蔵庫の製造・販売をしているメーカーとのことです。数年前に中国企業に買収され、中国企業の100％子会社になっているようです。

B：初回の打合わせの効率化を図る観点から、Z株式会社には、事前に一定の資料を整理しておいてもらい、事前に、あるいは当日でも構わないので、用意をしておいてほしい旨を伝えたほうがいいと思いますが、どうでしょうか。

P：そうですね。では、私からD株式会社の人事部長に事前に用意しておいていただきたい資料の一覧をお送りしておきますので、D株式会社の人事部長からZ株式会社に連絡してもらいますね。会社案内、就業規則類一式、労使協定一式、組織図、各組織がどういった業務をやっているの

かわかるもの、会社の経営状況がわかる資料、これまで実施してきたコスト削減の一覧およびその削減効果がわかるものを依頼しておきます。

 B：うん。依頼しておいてください。よろしく。

2 整理解雇のハードルはなぜ高い？

 B：ところで、A1先生も A2先生も、司法試験の選択は労働法だったよね？

　：はい。

 B：整理解雇ってその本質は何かわかるかい？

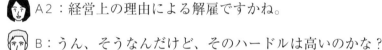 A2：経営上の理由による解雇ですかね。

 B：うん、そうなんだけど、そのハードルは高いのかな？

 A1：高いと思います。

 B：それはどうして？

 A1：会社の経営上の理由によるものであって、労働者の理由によるもの、つまり労働者に落ち度があるわけではない解雇だからでしょうか。

 B：そう、そこが本質なんだよね。あくまで会社の都合によるもので労働者に責はない解雇だという点。だから、整理解雇というのは有効と認められるためのハードルが高く、裁判例でも会社が敗訴しているものが多いという特徴があるんだ。

3 整理解雇の４要素とは？

B：ところで、いわゆる整理解雇の４要件とか４要素という議論があるけれども、それはどういうものかな？

A1：人員削減の必要性、解雇回避努力、人選の合理性、手続きの相当性です。

P：そして、すでに知っているとおり、現在は、整理解雇の４要件ではなくて、４要素ということを前提に、裁判所は判断しているんだ。いわば、総合考慮だね。

B：では、話を進めよう。人員削減の必要性についてはどのように考えられているのかな？

A2：古い裁判例の中には、倒産必至の状態にある必要があるとした裁判例もありましたが、経営に責任を持つ立場にない裁判所が人員削減の必要性といった高度の経営判断に結びついた事項に過度に介入するのは妥当ではないとの考えから、現在の裁判実務では、人員削減の必要性の判断については、原則として経営判断を尊重する傾向にあるといわれています。

企業全体では好調で当該事業部門が不振で戦略的に合理化を行うような場合であっても、人員削減の必要性は肯定されるといわれていて、人員削減の必要性が否定されるのは、解雇直後に新規採用を行う等、外部者から見ても明らかに矛盾した措置がとられているような場合に限られるといわれています。

B：解雇回避努力についてはどのように考えられているのかな？

A2：使用者は人員削減を実現する際には、配転、出向、一時帰休、希望退職者募集などの他の手段によって解雇回避の努力をする信義則上の義務を負うとされており、希望退職者募集などの他の手段を試みずにいきなり整理解雇をした場合には殆どの場合が解雇権の濫用とされています。

もっとも、解雇を回避するためにどのような手段をどのような手順で試みるかについては、個別状況を離れた画一的な要件を設定すべきではなく、裁判所は、企業が選択した手段と手順について、当該人員整理の具体的状況の中で全体として解雇回避のための真摯かつ合理的な努力が認められるか否かを判定すべきといわれています。

B：そうだね。つまり、大多数の裁判例は、人員削減の必要性と程度をはじめとする当該事案の事情の下で、相当な努力を尽くしたか否かに照らして判断しているといえるね。では、人選の合理性についてはどうかな？

A1：使用者は、被解雇者の選定については、客観的で合理的な基準を設定し、これを公正に適用して行うことを要するといわれています。例えば、勤務成績、企業貢献度などは、客観的で合理的な基準といわれています。

A2：それから、手続きの相当性ですが。

B：あの、まだ聞いてないんだけど。まぁ、いいでしょう。A2先生、説明してみてください。

A2：はい、前のめりになってしまいました。手続きの相当性については、労働協約によって人員整理につき協議が義務づけられている場合には、協議を経ない解雇は労働協約違反として無効とされ、また、労働協約上の協議義務がない場合でも信義則上、人員削減の必要性等について説明す

る義務があるとされています。具体的には、当該企業の状況から、使用者が労働者に対して、一応でも納得させるための努力を傾けたかという観点から判断していくことになると思います。

B：そうですね。2人とも司法試験で労働法選択だっただけに、一定の基礎知識はありますね。打合わせまでにもう少し裁判例や文献を読むなどして、研究しておいてください。

Ⅲ　1回目の打合わせ
（令和3年2月20日）

1　ヒアリング①：企業概要

B：本日は事務所までお越しいただきありがとうございます。今回のご相談は、コロナ禍による業績の悪化に伴って、整理解雇を見据えたリストラを実施しなければならないということだと聞いています。

Y：はい。概要はそのようなところです。当社の顧問弁護士から労働関係は専門ではないので他を当たってほしいといわれまして、学生時代から付き合いであるD株式会社の人事部長に相談したところ、B先生がお勧めですということで、本日まいりました。

B：整理解雇を見据えてのご相談ということで、いざ整理解雇となった場合には裁判対応も含めて、我々弁護士もマンパワーが必要になることから、当事務所の弁護士総出で対応させていただきたいと思っています。P弁護士に主任として動いてもらおうと思っておりますので、どうぞよろしくお願いします。ではP弁護士。早速ですが事情を聞いてくれますか。

P：はい。よろしくお願いします。まずは、Z株式会社について教えてほしいのですが、超大型冷蔵庫の製造・販売をしているメーカーということですが、創業はいつのことでしょうか？

X：創業は1970年になります。

P：次に資本関係ですが、会社の株主はどなたでしょうか？

X：創業当初はオーナー一家が株式を持っていたのですが、平成に入ってからオーナー一家が株を手放し、ある一部上場企業が100％親会社となりました。そして、一昨年9月にZ1という中国企業に買収され、その企業の100％子会社となっています。また、令和2年12月31日時点の社員数は120名です。
実は、コロナ禍を受けて昨年に希望退職者募集を行い、必要な人員を削減したのですが、さらなる人員の削減が必要となったため、今回、ご相談に伺いました。

P：なるほど、それについては後程お聞きしますね。次に、会社の組織ですが、組織図を見せていただけますか。

X：こちらになります。

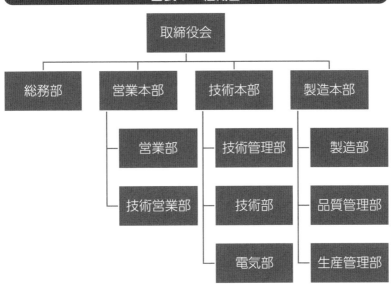

図表1　組織図

P：総務部はどういった業務を担当しているのでしょう
か？

X：人事・総務、経理、システム管理（生産管理・会計および
IT）、原価見積業務等を担当する部署です。

A1：労務業務はどうされているのでしょうか？

X：それも総務部が行っています。

P：営業本部は、営業部と技術営業部に分かれていますが、
各部はどういった業務を担当しているのでしょうか？

X：営業部は顧客の超大型冷蔵庫の更新情報を入手し、会
社の製品の販売活動を直接担当する部署です。技術営業部
は、顧客に提出するプレゼンテーション資料の作成、見積
書の作成など、営業部を技術的側面からサポートする部署
です。

A2：超大型冷蔵庫の更新情報って、何ですか？

W：新規の超大型冷蔵庫の納入がいつ頃になるのか、どういった計画があるのか等の情報を指します。

A2：なるほど。お客さんがいつ超大型冷蔵庫を購入したのか、という情報を入手することによって買換時期がわかるので、それをもとに営業をかけたりするわけですね。

X：わかりやすくいうとそういうことです。

P：技術本部は、技術管理部、技術部、電気部の３つに分かれていますが、各部はどういった業務を担当しているのでしょうか？

X：技術管理部は、ISO関連業務、特許関連業務、CADシステム管理業務を担当する部署です。技術部は超大型冷蔵庫の機械設計を担当する部署で、電気部は超大型冷蔵庫の電気設計を担当する部署です。

P：製造本部は、製造部、品質管理部、生産管理部に分かれていますが、各部はどういった業務を担当しているのでしょうか？

X：製造部は、超大型冷蔵庫の組立ならびに据付け、既設の超大型冷蔵庫の補修・改造・修理等を担当する部署です。品質管理部は超大型冷蔵庫を据え付けた後の調整、部品の管理、クレーム処理等を担当する部署で、生産管理部は在庫管理、生産工程管理、部品の受入・発送等を担当する部署です。

P：なるほど。会社の組織についてはおおよそ理解できました。

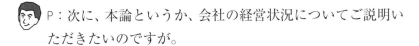

2　ヒアリング②：会社の経営状況

P：次に、本論というか、会社の経営状況についてご説明いただきたいのですが。

X：超大型冷蔵庫は、ファミリーレストランやハンバーガーチェーン店などが主たる顧客です。

A1：どうしてファミリーレストランやハンバーガーチェーン店が主たる顧客なのでしょうか？

Y：セントラルキッチンを導入するところが大半になったためです。

A2：セントラルキッチンって何ですか？

P：集中調理施設のことで、ファミリーレストランなどが各店舗ではなく1箇所で調理を行い、調理済みのものを各店舗に運び、店舗では簡易な仕上げのみで商品をお客様に提供できるようにすることをいうんですよ。

X：P先生、詳しいですね。

P：中小企業診断士の試験を受けた際に、ちょっと勉強したもので。

X：そうなんですね。このセントラルキッチンが外食産業で主流化したことによって超大型冷蔵庫の需要が高まり、当社も安定的な売上をあげることができていました。
ところが、近時各店舗が独自の商品を提供するというのが流行りになってきてセントラルキッチンの需要が低くなってきたところに、コロナショックによって飲食業界が大打撃を受け、設備投資に回すお金が減ってしまっているとい

う状況です。まずは、この5年間の超大型冷蔵庫業界全体の総売上高と前年比を整理した表をお持ちしましたので、お渡しします。

このとおり、業界全体として売上高が減ってきていて、この傾向に歯止めはかからないといわれています。さらに、このコロナショックです。おそらくこれから廃業するというファミリーレストランやハンバーガーチェーンも出てくると思います。そうなると、当社も、極めて厳しい状況になることが目に見えています。

図表2　超大型冷蔵庫業界全体の総売上高と前年比の整理表

（単位：億円）

年度	総売上高	前年比
平成27年度	24,188	
平成28年度	23,323	−865
平成29年度	22,490	−833
平成30年度	21,387	−1,103
令和元年度	20,019	−1,368

 P：次に、会社の業績について教えてください。

X：これまで6年間の当社の受注高、売上高、営業損益、当期純損益を整理した表をお持ちしましたので、お渡しします。

図表3　受注高、売上高、営業損益、当期純損益の整理表

区分	第9期 （自：平成27年 1月1日 至：平成27年 12月31日）	第10期 （自：平成28年 1月1日 至：平成28年 12月31日）	第11期 （自：平成29年 1月1日 至：平成29年 12月31日）
受注高	78億0853万円	79億8,900万円	127億4,700万円
売上高	79億2,200万円	64億8,500万円	128億8,100万円
営業損益	－1億0700万円	－8億2,700万円	6億0200万円
当期純損益	－4,000万円	－17億3,900万円	3億8,200万円

区分	第12期 （自：平成30年 1月1日 至：平成30年 12月31日）	第13期 （自：令和元年 1月1日 至：令和元年 12月31日）	第14期 （自：令和2年 1月1日 至：令和2年 12月31日）
受注高	96億8,700万円	11億4,100万円	20億2,200万円
売上高	81億1,900万円	72億7,600万円	37億9,400万円
営業損益	8,456万円	－2億5,574万円	－3億4,910万円
当期純損益	－1億3,100万円	－1億0000万円	－5億3,000万円

X：概要をご説明しますと、平成23年までは概ね安定していましたが、平成24年以降不安定となり、平成26年から平成28年は赤字決算となりました。翌第11期である平成29年は利益を計上しましたが、続く第12期と第13期は大幅な損失を計上し、第14期は暫定値ではありますが、5億円程度の当期純損失になります。

P：かなり厳しい経営状況ですね。平成27年が第9期というのはどういうことでしょうか。

X：創業家が株式を手放したところでリスタートしています。

A2：受注高と売上高というのは何が違うのでしょうか？

X：基本的に受注高と売上高というのは一致するのですが、注文を受けた時期が受注高に反映され、製品を引き渡

した時期に売上が上がります。そこにタイムラグがあることから、受注高と売上高が一致しないことになります。

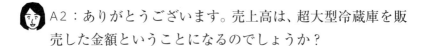 A2：ありがとうございます。売上高は、超大型冷蔵庫を販売した金額ということになるのでしょうか？

X：いえいえ、そうではありません。当社の売上は大きく分けて2つあります。1つは、今、A2先生がおっしゃった超大型冷蔵庫の新規納入による売上です。実は、売上にはもう1つあって、アフターマーケットによる売上があります。

A1：アフターマーケットによる売上とは何ですか？

W：すでに据え付けている超大型冷蔵庫の点検・補修工事・改造工事・部品供給等による売上です。

P：では、まずは新規納入による売上からお聞きしましょうか。

W：昨年と今年の受注と失注、そして、今動いている案件を整理した表をお持ちしましたので、お渡しします。

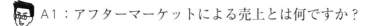

図表4　営業中案件整理表

案件名	結果および受失注時期	台数	売上規模
MAC 社	失注　令和元年8月	2台	14億円
KFT 社	受注　令和2年5月	2台	10億円
BKG 社	失注　令和2年6月	1台	8億円
FM 社	失注　令和3年1月	2台	16億円
SE 社	失注　令和3年1月	3台	24億円
FFF 社	失注　令和3年2月	1台	8億円
LT 社	継続中	2台	16億円
BM 社	継続中	1台	6億円
SK 社	継続中	5台	40億円
MT 社	継続中	2台	16億円
NK 社	継続中	2台	15億円

P：これを見ると、最近では何とか KFT 社の 1 件を受注したというところですかね。これはどうして受注できたのでしょうか？

W：恥ずかしながら、親会社の支援があったからです。

P：御社にとって、失注というのはどれほどのインパクトがあるのでしょうか？

W：新規案件を失注するということは、顧客の超大型冷蔵庫が当社のものから他社のものに入れ替わるということです。つまり、当社が据え付けている超大型冷蔵庫の数が減るということを意味し、アフターマーケットによる売上も減ることになります。

P：なるほど。次に、アフターマーケットによる売上にいきましょうか。御社にとって、このアフターマーケットによる売上というのはどういった位置づけになるのでしょうか？

W：超大型冷蔵庫を据え付けると、そこから、アフターマーケット、つまり、長期間にわたって、点検、修理、保守、部品供給等の取引が生じます。そして、この取引こそが、当社にとって最も安定した収入源となります。ただ、国内の取引先が工場閉鎖をしたり当社が新規受注を獲得できなかったりして、すでに据え付けられている当社製の超大型冷蔵庫が減少し、アフターマーケットによる売上高も年々減少しております。その推移表もお持ちしましたので、お渡しします。

まだ暫定的な数値ですが、今年のアフターマーケットによる売上高は10億円を切ると思われます。

図表5　アフターマーケットによる売上高推移表

	売上高	前年比
平成30年	20億3,700万円	
令和元年	18億4,700万円	－ 1 億9,000万円
令和 2 年	9 億1,900万円	－ 9 億2,800万円

P：なるほど。そうすると平成30年に比べると半分にまで下がるのですね。それはとても厳しいですね。改めてということになるかと思うのですが、新規案件を失注するということはどういうことを意味するのでしょうか？

X：これは、受注を予定した年度に売上があがらないという単年度だけの問題ではありません。将来の安定的な収益源も失うということを意味します。その意味で二重苦なわけです。

A2：二重苦ですか？

X：そうです。我々からすると、大型冷蔵庫を受注して売上をあげた場合の利益というのはそう多くはありません。むしろ、競争の厳しい最近では、赤字を計上することが多いのが実態です。しかし、一旦大型冷蔵庫を納めますと、顧客は20年、30年と使用しますので、その間、点検とか補修とか部品の供給等といった継続的な仕事が発生します。我々は、その継続的に発生する仕事の中から利益を確保しているので、新規案件を失うということは将来的に継続的に発生するアフターマーケットの仕事を失うということを意味します。うまみはアフターマーケットにあるわけです。

A2：なるほど。わかりやすい説明ありがとうございました。

3　ヒアリング③：コロナ禍により講じたコスト削減策

P：それでは、コロナ禍による影響についてお聞かせください。

W：先ほどX課長も言っておりましたが、コロナショックによって飲食業界が大打撃を受け、設備投資に回すお金が減ってしまっているという影響があります。

P：コロナ禍は令和2年2月から始まっている訳ですが、その後、本日までの間で、コスト削減としてはどのようなことを実施してきたのでしょうか？

W：残業・休日出勤の原則禁止を行いました（第1章**II**-**1**-**Q2**参照）。また、派遣社員を合計で21名削減し、嘱託社員も削減しました（第1章**IV**-**1**-**Q1**、**IV**-**2**-**Q4**参照）。

P：嘱託社員とは何ですか？

X：定年退職後再雇用者です。1年契約で行っているのですが、期間途中で解雇とした者、話し合いで退職してもらった者、更新しなかった者を合わせて9名削減しました。

P：定期昇給はどうですか？

W：実施しませんでした（第1章**I**-**1**-**Q1**参照）。

P：定期昇給はいつですか？

W：4月です。

P：就業規則にはどのように定められているのですか？

W：賃金規定に、「定期昇給は年1回とし、4月にこれを行

う」と定められていました。

P：とすると、毎年定期昇給していたのでしょうか？

W：はい。ただ、今回は事態が事態なので、従業員に説明して、定期昇給はなしということで納得してもらいました。

P：賃金規定は変更しましたか？

W：はい、今回、定期昇給がない場合もある旨を追加しました。

P：良かった良かった。そうしないと無効になってしまいますからね。

W：どういうことでしょうか？

P：法律上、就業規則を下回る合意は無効なので、就業規則を変更しないと意味がないということです。

W：そうなのですね。変更しておいて良かった。

P：他にはどういったコスト削減策を実施しましたか？

W：1カ月当たり3,000円支給していた食事手当を昨年4月に廃止しました（第1章Ⅰ-4参照）。また、昨年の3月以降、役員報酬も30％カットし、賃金カットも実施しました。具体的には、昨年の5月以降、一般の従業員は6％、管理監督者は12％の賃金カットを実施しました（第1章Ⅰ-4-Q1参照）。

P：これらは同意を取られたのですか？

X：はい、取りました。

P：昨年の賞与はどうされましたか？

X：当社は、長年にわたり年に2回の賞与を支給してきました。金額は概ね年間給与の4カ月分相当でした。平成30年度は2カ月弱、令和元年度も2カ月弱支給しましたが、令和2年の夏の賞与は0.5カ月分、冬の賞与も0.5カ月分を支給しました（第1章Ⅰ-3参照）。

P：不支給としなかったのはどうしてですか？

X：もちろん検討しましたが、住宅ローンを組んでいる社員もおりますし、賞与は実質的には毎月の生活費の補填という意味合いもありますので、多少なりともということで支給しました。

P：その他に実施したことはありますか？

X：一時帰休も行いました（第1章Ⅱ-1参照）。

P：具体的にはどのような一時帰休を行ったのですか？

X：令和2年5月以降、毎週水曜日に一時帰休を実施し、6月以降は、毎週月曜日、金曜日にも拡大しました。

P：雇用調整助成金は受給したのでしょうか？

X：もちろん受給しています。

A1：ところで、本社は千葉県八千代市にあるようですが、前から千葉県八千代市にあるのですか？

W：いえ、昨年8月に引越しをしました。

A1：それはどうしてでしょうか？

W：コスト削減のためです。それまで東京都千代田区に本社を置いていましたが、賃料が高かったので、千葉県八千代市に移転しました。

P：先程、希望退職者募集も行ったとおっしゃっていましたが、その具体的な内容を教えてください。

W：コスト削減のために人員削減を行う必要があると考え、希望退職者募集を実施することとし、令和2年12月25日、会社説明会を実施しました。募集期間は、令和2年12月28日から令和3年1月8日、募集人員は30名程度、退職条件は退職金の特別加算金として6カ月分の給与相当額および未消化の有給休暇の買取りでした。そして、28名がそれに応募しました。

P：この人員削減を行うことになった理由というか、きっかけは何だったのでしょうか？

図表6　コロナ禍により講じたコスト削減策一覧	
対策	実施時期
①残業・休日出勤の原則禁止	
②派遣社員の削減（21名）	
③嘱託社員の削減（9名）	
④定期昇給停止	令和2年4月
⑤食事手当廃止	令和2年4月
⑥役員報酬カット（30％）	令和2年3月
⑦賃金カット （一般従業員6％、管理監督者12％）	令和2年5月
⑧賞与減額	令和2年夏・冬
⑨一時帰休	令和2年5月以降、毎週金曜日 令和2年6月以降、毎週月・火曜日
⑩雇用調整助成金の受給	
⑪本社移転	令和2年8月
⑫希望退職者募集	令和2年12月 　募集人員：30名程度 　退職金の特別加算金 　（基本給6カ月分相当） 　未消化有給休暇買取り 　実績：28名応募

W：先程、一昨年9月に親会社が変わった話をしましたが、その親会社が、業績のブレークイーブンと早急な黒字化を指示したからです。そして、当時、会社は運転資金が枯渇し金融機関からの融資もこれ以上受けられないという状況にあり、何とか親会社から借りなければならない状況でした。そのため、会社は、主要顧客の経営状況と設備投資方針、日本市場における会社の立場と今後の受注見込み、日本市場の重要性等を説明して暫時の猶予を求め、結果として、令和2年末までに人員を30名程度削減することで運転資金の融資の継続を承認してくれました。

P：となると、一旦は終わったものの、さらなる人員削減が必要になったということだと思いますが、それはどうしてですか。

X：先程、受注案件と失注案件を整理したものをお渡ししましたが、競合他社も必死で、令和3年1月、2月に、受注を見込んでいた3件をすべて失注してしまったためです。

A2：FM社、SE社、FFF社ですね。

X：はい。その3社は当社が大型冷蔵庫を入れていた先で、設備更新にあたって当社が受注できると思っていたのですが、ダメでした。それを受けて、アフターマーケットによる売上高だけでは業績の回復も見込めないことから、親会社が、このままでは継続的な融資を凍結することを示唆してきました。

P：今現在の会社の現預金はどの程度あるのですか。

X：約6億円です。

P：毎月の経費はどれくらいですか。

X：部品の仕入代金、支払手形の決済で毎月約１億円から２億円、従業員に対する給与の支払いが毎月3,000万円、会社運営の諸経費が毎月6,500万円です。したがって、親会社からの融資をストップされると数カ月で会社は潰れる状態です。

P：なるほど。現在、会社が考えている人員削減はどのようなものでしょうか？

X：単純にブレークイーブンを目指すとなると、人員数は80名まで減らす必要がありますが、そこまで減員とすると、今度は、今後の製造に重大な支障をきたしてしまうということになりました。

P：今後の製造に重大な支障を来してしまうとは、どういうことでしょうか？

X：顧客からの新規の注文に応えるためには、年間２セット以上製造する能力を保有しておくことが不可欠なのですが、試算によれば、２セットを製造するためには約100名程度の従業員を配置する必要があるということがわかりました。そのため、本社にその旨を説明するところです。

P：なるほど。本社からはいつまでに人員を削減するべきという話があるのですか？

X：基本的には、令和３年５月末といわれています。また、人員数を減らす関係で、組織再編を４月に行い、組織の効率化も図ろうと思っています。

P：削減後の人員数が100名程度ということですが、誰に残ってもらうのが望ましいかという検討はしていますか？

X：大まかにではありますが、しています。

第２章　ストーリーで学ぶ整理解雇

Ｐ：最終的には５月末の整理解雇もやむを得ないというこ
とですが、そこに向けての具体的なスケジュールは作成し
ていますか？

Ｘ：いえ、まだ作成しておりません。

Ｐ：となると、まずは終わり、つまり整理解雇の予定日から
遡ったスケジュール表を作成する必要がありますね。まず
は、それが第一です。

Ｘ：わかりました。

Ｐ：予定している組織の再編の内容、それから、残ってもら
いたい100名を誰にするかも早急に詰めてください。

Ｘ：はい。了解しました。

Ｐ：次回の打合わせですが、５月末がエンドとなるとあま
り時間もないので、２月28日に行うことは可能でしょう
か？　　諸々の準備があって大変だとは思いますが。

Ｘ：了解しました。２月28日で大丈夫です。

Ｐ：では、本日は以上ということで、お疲れ様でした。

所内会議 1 (令和3年2月20日夜)

1 労働事件ではまず会社の組織と各組織の役割を理解する

 B：本日の打合わせ、お疲れ様でした。結構時間がかかりましたね。

 P：そうですね。でも、Z社の方も準備をしっかりされてきていたので、スムーズには進んだと思います。

 B：そうですね。A2先生、今日、P先生は、会社の組織、そして各部署がどういった業務を行っているかという点からヒアリングしていたでしょう。それはどうしてかわかるかな？

 A2：会社のことを知るためですか？

 B：半分当たり。労働事件の場合、普通解雇事案でも、配転事案でも、どんな事案であっても、まずは、会社の組織、そして各組織の役割を理解しておかないといけないんだ。今回の件でも、おそらく今後、整理解雇にあたってはどういった人選で整理解雇の対象を選択するのかという基準の問題が出てくることが想定されるよね。その際に、会社に貢献しているか否かという基準を設定したとすると、貢献度合いというのは、その各部署の業務内容がわかっていな

いと検討できないよね。基準へのあてはめがちゃんとでき
ているのかも検証しなければならないわけだ。その前提と
して、理解をしていないといけない。

よく若手弁護士がやりがちなのは、例えば、普通解雇事案
で、営業成績が悪いから解雇したという事案があったとし
よう。そのときに営業と一口に言ってもいろいろと営業の
種類はあるわけだね。インバウンド営業なのかアウトバウ
ンド営業なのかとか、当該営業部の役割は何なのか、日頃、
どうやって仕事をしているのかを詳細に聞いて、それを理
解できなければ、解雇事案なんていうのは戦えないのよ。
僕は、多くの使用者側が裁判で負ける原因というのが、こ
こにあるんじゃないかと思っているのね。上っ面のヒアリ
ングではダメで、突っ込んだヒアリングが必要になるわけ
ですよ。僕は、昔から、P先生にも口を酸っぱくして言っ
ているんだけれども、基本事項から聞くこと、そして、わ
からないことがあれば、恥ずかしがらずに聞くことを指摘
しているのね。

P：もう何千回も聞きましたよ。。。

B：まぁまぁ、P先生はもう耳タコだとは思うけど、若手に
も伝えておかないといけないじゃない。今日の打合わせ
で、A1先生もA2先生も、わからないこと、理解できな
いことは素直に、どうしてですか？　どういうことです
か？と聞いていたじゃないですか。あれが大事なんです
よ。何となくわかったつもりになって話を流すと、実はよ
くわかっていないということがままある。

それから、お客さんにはいろいろな業界の会社があると思
うけど、弁護士は素人なわけですよ。業界のこととか仕事
のやり方とかはまったくの素人なので、プロであるお客さ
んから教えてもらう必要があるんだよね。我々が理解でき

なければ、裁判所に真実を伝え、説得するという作業はできないんだ。だから、恥ずかしがらずに、わからないことは何度でも聞く、これが弁護士にとっては極めて大事な姿勢だと思いますよ。

P：今、B先生が言っていたことが極めて大事なんだけど、僕は、そこから一歩先を行くようにしているよ。

例えば、過去に、MRに関する労働問題を扱ったり、品質保証業務に従事する従業員の解雇問題を扱ったりしてきたわけだ。その際には、お客さんに、MRについて理解するために読むべき本を教えてくださいとか、研修のテキストをくださいとか、そういうお願いをして書籍を読んで勉強したうえで、ヒアリングをしているんだ。

いろいろな業界の仕事を、その道のプロの方々から教えてもらうのはとても面白いですよ。

A1：なるほど。その業界の本を買うという発想はなかったです。勉強になります。

2 ## スケジュール作成は、終わりから遡ってやるべきことを検討し、確定させる

B：今日の打合わせで、P先生が最後に、スケジュールを作るのが一番大事という趣旨のことを言ったけど、整理解雇というのは正にそれなんですよ。どんな仕事も一緒だけれども、終わりを決める。そして、そこから遡って、いつ、何をやるべきか、そのスケジュールを作成して、漏れがないかとか、期間が短いのではないかとか、そういった検討を行い、スケジュールを確定させる。もちろん、スケジュール作成にあたっては、若干のバッファは必要になるね。

スケジュール作成にあたって、最後は整理解雇であり、その日を決める必要があるよね。その直前には何をやるべきかわかるかな？

 A1：最後の退職勧奨というか、説得でしょうか？

 B：そうだね。最後まで、解雇という強制的な手段ではなく、合意によって何とかならないかを模索するために、退職勧奨を行う必要がありますね。

そうすると、退職勧奨をいつ行わなければならないかを決める必要があるわけです。希望退職者募集にどれだけの人数が応募するかわからないわけだから、どの程度の人数が残るのかを想定しながら、日程を決める必要があるわけだね。また、退職勧奨をして本人に考えてもらうにしても、それにどれだけの期間を与えられるかという問題もあるよね。

 A1：なるほど、そうすると若干の日数は取っておく必要があるわけですね。

 B：そう。最後の退職勧奨の前は何になるかな？

 A2：希望退職者募集でしょうか？

 B：そうだね。でも、日程を組むときには、希望退職者募集についても細分化する必要があるよね。

 A2：まずは、希望退職者募集を実施する日、それから、応募期間をどうするか、そして、締切日をいつにするかということですかね。

 B：惜しい。あとは個別面談だね。希望退職者募集を行う場合、多くの場合には、従業員各人と個別面談を行い、各従業員がどのような意向を持っているのかを確認したり、

希望退職者募集に応募してくれないかと依頼をしたり、余人をもって替え難いので応募しないでほしいと依頼をしたり、また、質問に対する回答を行ったりするんだ。

A2：そうなんですね。最後の退職勧奨とは別に、希望退職者募集の間の個別面談でも、場合によっては、希望退職者募集への応募を促す行為をすることがあるんですね。

B：そういうことになるね。ただ、それをやるかどうかは各社各様というところではあるかな。

A1：希望退職者募集を行うにあたっての留意点というのはどういった点にあるのでしょうか？

B：その点は、各自勉強をしてみてください。次回の打合わせを踏まえて、またお話をしたいと思います。さ、仕事の話はこれくらいにして、飲みにでも行きましょうか。

V 2回目の打合わせ
（令和3年2月28日）

1　スケジュールの確認

　Y：前回の打合わせで人員数を100名程度にするという話をさせていただきましたが、その後、本社にその旨を報告したところ、本社からは、ことごとく失注している中でそのような悠長なことを言っている場合ではないと、一喝されてしまいました。

そのため、再度人員数を検討し、最終的には、製造能力を維持するためにギリギリの線として89名まで人員を削減することにし、本社の了解も何とか得られました。

　P：なるほど。本社からの人員削減の時期についての変更はありますか？

　X：ありません。従前どおり、令和3年5月末です。

P：では、まず、スケジュールについてお聞きしましょうか。

X：現在、会社で考えているスケジュール表がこちらになります。

図表7　希望退職者募集スケジュール案

日時	行うこと	備考
4月1日	組織再編	
4月26日	会社の現況に関する説明会実施	
4月26日～5月9日	個別面談実施	
5月10日	希望退職者募集の募集開始日	
5月14日	希望退職者募集の募集締切日	
5月15日～5月30日	未達の場合には、希望退職者募集の募集締切日を延長し、個別に退職勧奨	
5月31日	解雇	

P：これをみると、希望退職者募集の期間が短いようにも感じますが、どうしてでしょうか？

X：個別面談に時間がかかりそうであったことと、解雇まで2週間は取っておいたほうが余裕があっていいかなと思ったためです。あと、1回目の希望退職者募集であればもう少し期間を取ってもよいかなと思ったのですが、すでに1回目の希望退職者募集は昨年に実施していて、その後の失注についても従業員は知っているので、ある意味、今回はそこまでの期間を設けなくてもよいのではないかと思った次第です。

P：なるほど。そういう事情があったのですね。A1先生、希望退職者募集の募集期間について、何か裁判例とかあったっけ？

A1：ジャレコ事件（東京地決平成7年10月20日）は、募集期間を10日としたことが性急に過ぎると評価されています。しかし、会社が労働組合との団体交渉を拒否し、人員削減の必要性についても説明せず、希望退職でも予定人員に達しなかった場合には解雇を行うことがあり得ることも説明しなかったという事実関係のもとでの判断なので、一概に10日にしたからといって短すぎるとしたものではありません。それから、高松重機事件（高松地判平成10年6月2日労判751号63頁以下）は、募集期間を4日としたことが短いと評価されています。

A2：裁判例を前提とすると、もう少し長く期間を取ったほうがよいのではないでしょうか？

P：そうですね。ただ、会社のおっしゃっている今回は2回目の希望退職者募集であり、従業員の方々も状況は理解しているという特殊事情もありますので、10日程度の募集期間にしたいと思いますが、どうでしょうか？

X：もちろん、先生方が法的にそうしたほうがよいということであれば、変更に異存はありません。

P：では、希望退職者募集の募集開始日はそのまま5月10日とし、募集締切日を20日にしましょう。そうすると、スケジュールは**図表8**のようになりますかね。

図表8　希望退職者募集スケジュール（確定版）

日時	行うこと	備考
令和3年4月1日	組織再編	
令和3年4月26日	会社の現況に関する説明会実施	
令和3年4月26日〜5月9日	個別面談実施	
令和3年5月10日	希望退職者募集の募集開始日	
令和3年5月20日	希望退職者募集の募集締切日	
令和3年5月21日〜5月30日	未達の場合には、希望退職者募集の募集締切日を延長し、個別面談にて退職勧奨	
令和3年5月31日	解雇	

2 組織再編プランの確認

 P：次に組織再編についてですが、どのような再編になるのでしょうか？

 Y：89名体制で運営することになるので、会社に残ってもらう従業員には、それまで担当していた業務に加えてそれ以外の業務も担当してもらう必要があり、つまりは多能工化を求めることになります。それを前提として、組織の無駄をなくしたいと考えています。

 A2：多能工化って何ですか？

 Y：1人で複数の業務や作業を行うことをいいます。いろいろなスキルを求めるということですね。

 A2：その多能工化というのは、御社の場合には具体的にはどういうのを想定しているのですか？

 Y：従前、調達部所属の従業員は、それまで部品の調達業務を担当していました。今後は、それに加えて、在庫管理、部品の受入・発送等も担当させるというようなことを考え

図表9　再編後の組織図

```
                        取締役会
         ┌──────────┬──────────┬──────────┐
       総務部     営業本部    技術本部    製造本部
                    │          │          │
                  営業部    技術管理部    製造部
                    │          │          │
                 営業技術部    技術部    品質管理部
                               │          │
                              電気部    生産管理部
```

ています。具体的な組織は、**図表9**のようにすることを考えています。

Ｙ：組織として変わったのは、技術営業部を営業技術部に名称変更したことです。そして、技術本部技術管理部が行っていた営業のサポート等の一部機能を同部から切り離して、営業本部に営業技術部として新たに組織化しました。

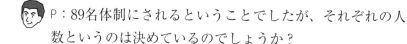

Ｐ：89名体制にされるということでしたが、それぞれの人数というのは決めているのでしょうか？

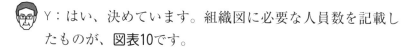

Ｙ：はい、決めています。組織図に必要な人員数を記載したものが、**図表10**です。

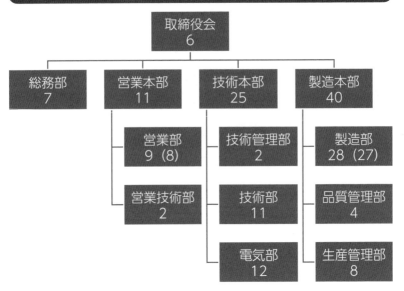

図表10　再編後の必要人員数

- 取締役会　6
  - 総務部　7
  - 営業本部　11
    - 営業部　9（8）
    - 営業技術部　2
  - 技術本部　25
    - 技術管理部　2
    - 技術部　11
    - 電気部　12
  - 製造本部　40
    - 製造部　28（27）
    - 品質管理部　4
    - 生産管理部　8

P：この中で、営業部と製造部では、かっこ書きで1名少ない数字が書かれているのはどういうことでしょうか？

W：実は今、LT社の発注先の決定が迫っていて、その受注活動に営業部の1名と製造部の1名があたっています。その2名は当分の間それに専属させて、その必要がなくなり次第削減を行います。そのため、当面89名、その後87名ということで本社から承認をもらっています。

P：なるほど。そういうことなのですね。そうすると、当面89名を超える部分についてすべて人員削減対象の目標数となるわけですね。

W：はい、そうなります。

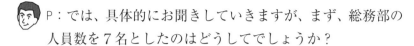

③ 各部の必要人員数の根拠の確認

P：では、具体的にお聞きしていきますが、まず、総務部の人員数を7名としたのはどうしてでしょうか？

Y：総務部が担当する業務が、人事・総務、経理、システム管理（生産管理・会計およびIT）、原価見積です。それぞれの専門性が高いため、人事・総務で1名、経理で2名、システム管理で2名、原価見積で1名、それから全体を統括する管理者として1名が必要と判断しました。

P：営業本部の中の営業部の人員を8名としたのはどうしてでしょうか？

Y：各地区の顧客担当の最低限度の人員を配置する必要があったからです。

A1：具体的にはどういうことですか？

Y：ファミリーレストランの担当として、東北・関東地区担当、重要顧客担当、海外担当、関西地区担当、中国・九州・沖縄担当として各1名、ファミリーレストラン以外の顧客担当1名と、東京地域、大阪地域各全体の専担各1名が最低限必要と判断しました。

P：営業技術部の人員を2名としたのはどうしてでしょうか？

Y：これまで2セットの案件には2名で担当していたこと、そして、現在進行している案件、近い将来見込まれている案件が、SK社、MT社、NK社の案件であったこと、SK社、MT社の案件の見積書等の作成は一応終わっており、あとは顧客からの修正の要望等に対応することが想定

される程度であったため、管理者を含め2名を配置すれば足りると判断したためです。

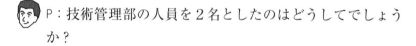 P：技術管理部の人員を2名としたのはどうしてでしょうか？

Y：CADの管理業務に1名、ISO・特許関連業務に1名が必要であると判断したためです。

P：技術部の人員を11名としたのはどうしてでしょうか？

Y：超大型冷蔵庫は、冷蔵部、冷凍部、電圧部、レール部の4つの構成からなっていて、それぞれの設計のスペシャリスト各2名と、納入機械仕様の詳細をまとめるスペシャリスト2名も配置しなければならないため、これに部門管理者を含めて合計11名が必要であると判断したためです。

P：電気部の人員を12名としたのはどうしてでしょうか？

Y：電気設計課は大型冷蔵庫の電気制御等の設計を担当しており、設計対象は、原動制御設計、電気制御設計と制御ソフト設計に分かれるのですが、それぞれのスペシャリストを含め少なくとも5名が必要であると考えました。
また、電気サービス課では、新たに納入する大型冷蔵庫の電気工事と運転調整、稼働機械の点検、故障対応を担当するのですが、点検、故障対応には少なくとも6名が必要であり、両課を統括する者1名との合計12名が必要であると判断したためです。

P：製造部の人員を27名としたのはどうしてでしょうか？

Y：年間2セットの大型冷蔵庫の組立およびサービス、補修工事も含みますが、それらを行うためには少なくとも20名必要です。それから、発送機器のサービスを担う担当者

1名、大阪で大阪地区のサービスを担当する3名、東京地区のサービスを担当する3名が必要であると判断したためです。

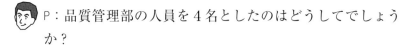

P：品質管理部の人員を4名としたのはどうしてでしょうか？

Y：顧客対応、印刷技術、製品検査、部品検査を担当するのですが、その業務量からすると少なくとも4名が必要と判断したためです。

P：生産管理部の人員を8名としたのはどうしてでしょうか？

Y：生産管理業務と調達業務を行うのですが、年間2セットに対応するための業務量からすると、少なくとも8名の有スキル者が必要と判断したためです。

P：それぞれの部門における必要人員数について説明をしていただきましたが、具体的に誰に残ってほしいのか、どなたに退職していただきたいのか、そのあたりの人選はしているのでしょうか？

Y：何となくしていますが、時間の関係もあり、具体的には詰めていません。

P：では、次回の打合わせまでにその点を詰めていただけますか？

Y：了解しました。

4 希望退職者募集要項の検討

P：それから、以前に希望退職者募集をやられていますが、今回使う募集要領とかのドラフトは作っていますか？

Y：前回を参考にしてすでに作ったものが、こちらです。

図表11　希望退職者募集要項案

令和3年4月26日

希望退職者募集要項

1　募集人数

会社が必要とする人数

2　募集対象者

正社員全般

3　募集期間

令和3年5月10日〜令和3年5月20日

ただし、募集期間の途中で応募者が予定人数に達した場合には、募集を打ち切ることもある。また、予定人数に達しない場合には、募集期間を延長することもある。

4　退職予定日

令和3年5月31日

ただし、業務の引継ぎの都合により、本人との合意のうえ、退職日を遅らせることもある。

5　退職条件

①　退職金は、退職金規程○条を適用し、会社都合扱いで支給する。確定給付企業年金の支給も会社都合扱いとする。

②　基本給の６カ月分を特別加算金として退職金に加算して支給する。この計算に使用する基本給は、令和３年５月１日時点の基本給とする。

③　退職時点における未取得の有給休暇を買い取る。

④　退職金、特別加算金については、各人に計算額を通知する。

⑤　応募手続　退職希望者は、総務部長宛に希望退職申込書（会社が指定した用紙）を提出する。

⑥　この件に関する問合わせは、総務部長宛とすること。

以　　上

　P：募集人数ですが、会社が必要とする人数とありますが、これはどうしてこのように記載したのでしょうか？

　W：人数はぼかしておいたほうよいのかなと思ったためです。

　P：人数をぼかすことも十分考えられるのですが、人数を記載することで会社の強い決意を示すことができます。また、今回であれば、必要人員数は当面89名、その後87名と明確に決まっていて、そこが動かないというのであれば、

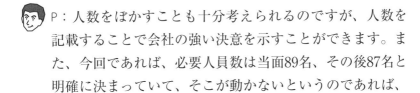

具体的な数字を記載してもよいのではないでしょうか？

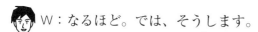

W：なるほど。では、そうします。

P：それから、一般的には、応募した従業員が会社にとって余人をもって替え難い者である場合には応募を承認しないとする旨を入れておくのですが、それを入れていない理由はありますか？

W：いえ、特に理由はありません。応募した人について会社が拒否できるということでしょうか？

P：そうです。応募したからといって退職が確定するのではなく、会社が承認して初めて適用できるとすることが可能です。

W：では、そうします。

P：それから、勤続年数に応じて、特別加算金を変えたりはしないのですか？

W：それも検討したのですが、一律にしました。

P：すでに退職していただきたい人と残ってもらいたい人との区別がついている場合には、扶養家族の有無であったり、年齢であったり、それらを分析して、どのように希望退職者募集における原資を使うのか、つまり、どの年齢層に厚くするとか、扶養家族の人数によって差をつけたりとか、を考えて設計をすることもあります。

W：そうなのですね。そこまでの分析は時間的に少し難しいので、このままにしたいと思います。

P：了解しました。では、修正したものがこちらになります（下線部分が修正箇所）。

令和3年4月26日

希望退職者募集要項

1　募集人数　**31名**

2　募集対象者　正社員全般
　　ただし、会社が経営上特に必要とする者は承認しない場合がある。

3　募集期間　令和3年5月10日〜令和3年5月20日
　　ただし、募集期間の途中で応募者が予定人数に達した場合には、募集を打ち切ることもある。また、予定人数に達しない場合には、募集期間を延長することもある。

4　退職予定日
　　令和3年5月31日
　　ただし、業務の引継ぎの都合により、本人との合意のうえ、退職日を遅らせることもある。

5　退職条件
　　①　退職金は、退職金規程○条を適用し、会社都合扱いで支給する。確定給付企業年金の支給も会社都合扱いとする。
　　②　基本給の6カ月分を特別加算金として退職金に加算して支給する。この計算に使用する基本給は、令和3年5月1日時点の基本給とする。
　　③　退職時点における未取得の有給休暇を買い

取る。

　④　退職金、特別加算金については、各人に計
　　　算額を通知する。

　⑤　応募手続　退職希望者は、総務部長宛に希
　　　望退職申込書（会社が指定した用紙）を提出
　　　する。

　⑥　この件に関する問合わせは、総務部長宛と
　　　すること。

　　　　　　　　　　　　　　　　　以　　　上

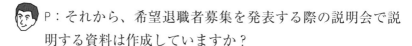

P：それから、希望退職者募集を発表する際の説明会で説
明する資料は作成していますか？

W：まだそこまでは作成していません。

P：個別面談の際に説明する内容、面談の順序については
もう決めているのですか？

W：それもまだ検討中です。

Y：1つ質問なのですが、希望退職者募集の発表前に自己
都合で退職したいと言ってきた従業員の退職時期が、例え
ば5月末日と確定した場合、希望退職者募集への応募を認
めるべきでしょうか？

A1：その場合は認める必要はありません。法律構成とし
ては、会社が希望退職者募集を行うことを知っていたの
に、担当者が退職希望の従業員に対しそれを言わなかった
のは不作為の欺罔行為であり詐欺取消しだとか、あるいは
その不作為が不法行為だと主張されることになると思いま
すが、近時の裁判例でも、その不作為は不法行為には該当

しないという判断がされています。

P：それは、何て事件なんですか？

A1：エーザイ事件（東京地判令和元年9月5日）です。

P：よく調べていますね。では、本日はここまでにしましょう。

次回までに、人の選別、希望退職者募集を発表する際の説明資料、個人面談の時に何を説明するのかの資料を起案してきてくれますか？

W：了解しました。

P：次回打合わせですが、3月10日にしましょうか。

W：了解しました。

1 会社の状況を正確に把握するためのポイント

B：本日の打合わせもお疲れ様でした。希望退職者募集を行うにあたっては、今日の打合わせでも出ていたけど、募集人数を明確に記載するかぼかして記載するか、あるいはまったく記載しないか、どれがよいのかを議論する必要があるね。

例えば、会社の試算などに一抹の不安がある場合であれば、募集人員を○○名程度とぼかしておくということもあり得るね。明確に15名と書いていて14名が応募し、1名を整理解雇した場合に、この15名が誤った試算に基づくものであったとなると、人員削減の必要性が認められないという事態にもなりかねない。

P：そうですね。ブレークイーブンにするために何人の削減が必要というような場合には、そのあたりの試算についても詳しく打合わせで確認する必要があります。ただ、今回のケースでは、ある意味仕事を回せる必要最低限の人数を出していて、経営数値から直接導いているわけではないので、明確に記載しても問題ない事案かなと思いました。

A1：なるほど、そういうことも考えるのですね。

B：A1先生もこれまで実務を通して経験してきたことだと思うけど、打合わせをやればやるほど、質問をすればするほど、事実が明らかになるよね。お客さんの言っていることや説明する内容をそのまま聞いて、それを事実のすべてとして準備書面を書いたりすると、相手からの反論があって、事実ではなかった、お客さんの勘違いとか思い込みだったってことはよくあるよね。

お客さんとの打合わせでは、どうしてこうなるのですか？とたくさん質問をやり取りすると、その質問を通して、お客さんも自分の説明の間違っている部分とかに気づけるわけです。

そして、弁護士をやっていての経験則としては、打合わせをやればやるほど材料が出てくるので、最初の段階での主張を制限的にはせずに、○○等とか、概要は○○のとおり、などの書き方で、後日、多少なりの補充をできるようにしておくというのは大事だよね。何人の削減が必要かというときに、P先生も言っていたけど、経営数値からはじいているときには、その検証も必要になるわけだ。具体的には、コストをどれだけ削減する必要があるのかという試算から始まり、そのコストを削減するためには何人の人員を削減する必要があるのかを計算で出す。つまり、年間2,000万円のコスト削減が必要ということであれば、従業員1名当たりの平均年収が500万だとすると4人になるということです。

A2：P先生の打合わせを見ていて質問の仕方がうまいなぁと思うんですが、コツは何ですか？

P：どうして？　なぜ？　を何回も繰り返すということですかね。それはいつも考えています。あとは、リアルで頭の中に映像を思い浮かべることができるところまで詳しく

聞くことかな。

例えば、終業時刻後に行った居酒屋で上司と部下との間でセクハラがあったとかいう事案を想定した場合、終業時刻後に、まずは何をしたのか、どこで飲みに行くことが決まったのか、どういう会話をしたのか、どうしてそのお店に行くことに決まったのか、座席をどのように決めたのかとか、その光景が頭に浮かぶようにヒアリングをしていきます。途中で、端折らないことですかね。

B：まぁ、それは前から僕が口酸っぱくP先生に言ってきたことですね。

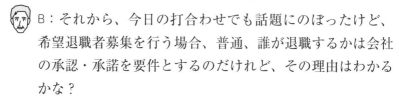

２ 希望退職者募集は会社の承認・承諾を要件とする理由

B：それから、今日の打合わせでも話題にのぼったけど、希望退職者募集を行う場合、普通、誰が退職するかは会社の承認・承諾を要件とするのだけれど、その理由はわかるかな？

A2：会社として、残ってもらいたい人には応募してもらいたくない、辞めてほしくないからではないでしょうか？

B：もちろん、そうなんだけど、法律家としての意見を聞きたいんだけど。

A2：ああ、法的な話ですか。なんだろう。。。

P：希望退職って法的には何かというところから考えればわかると思うよ。

A2：希望退職も、法的には合意退職だと思います。そう

か！　希望退職の募集は退職の申込みの誘引行為であり、従業員の応募はそれを受けての退職の申込みの意思表示であり、会社が応募を承諾することで退職の合意が成立するってことですね。仮に、希望退職者募集のときに、会社による承認・承諾要件を入れておかないと、応募すれば退職が確定となってしまう、つまり、希望退職者の募集が、退職の申込みの意思表示、応募行為が、承認行為と評価され、応募と同時に合意退職が成立してしまう可能性があるということになるわけですね。

B：そう、正解。

3　残存有給休暇を買い取る理由

B：今回もそうだけど、希望退職者募集のときに残存有給休暇を買い取るということも多く行われるね。これはどうしてかわかるかな？

A2：退職にあたって、少しでも気持ち良く辞めてもらうためでしょうか？

A1：退職する場合、最後に残存する有給休暇をすべて消化して退職するというケースが多いと思うのですが、希望退職者募集では、退職日が確定してから退職日までの間にすべて有給休暇を消化するとなると、引継ぎ等が行われないという事態になってしまいます。それを防ぐためにも、引継ぎ等をしてくれれば最後の余った有給休暇を買い取るよ、と約束をすることによって、会社だけでなく、従業員にとってもメリットがあるからでしょうか？

B：うん、よくわかりましたね。さて、今日は、何を食べに

行きましょうかね。

P：B先生行きつけのお店の牛たんが食べたいなぁ。

B：P先生にねだられると、怖くて拒否できないからなぁ。A1先生、A2先生も行きますか？

A1：行かせていただきます。

A2：私も行かせていただきます。今日は飲みたい気分なんです。

B：A2先生は飲み始めると止まらないからどうしようかな。

3回目の打合わせ

（令和3年3月10日）

1　希望退職者募集に関する説明内容の検討

W：本日もよろしくお願いいたします。

P：まず、希望退職者募集の説明時にどういった説明をするのか、そのたたき台を見せていただけますか？

W：こちらになります。

図表13　希望退職者募集の実施について

令和3年4月26日

希望退職者募集の実施について

従業員の皆様へ

代表取締役社長　●●●●

　先般来、当社を取り巻く経営環境は極めて厳しい状況となっています。この状況を打開するため、当社は、

受注活動を強化する一方で、令和2年5月以降、一時帰休の実施、給与カット、残業禁止、派遣社員の契約打切りなど、取り得る限りのあらゆる経費削減策を実施してきました。

しかしながら、親会社は、現在のような赤字経営は許さず、令和3年は利益をブレークイーブンに、令和4年以降は黒字にすることを強く求めています。親会社は、利益を出せる見通しを示せないところは継続を認めることはできないとの強い姿勢で、さらなる経営改革を指示しています。

当社は、平成26年から令和2年の7年間のうち6年間は赤字という極めて深刻な赤字体質になっています。このことは毎月の全社員集会でも説明しているとおりです。この赤字体質からの脱却なくして当社の存続はありません。受注の減少から売上高も少なくなり、その少ない売上でも利益が確保できるように会社体質を改善しなければなりません。そのため、当社の固定費の大きな部分を占める労務費を削減すべく、やむを得ず令和2年12月に第一次希望退職者募集を実施いたしました。

ところが、第一次希望退職者募集の時点で受注を期待していた2つの引合いを最終的に受注することができず、その結果、令和3年、令和4年の仕事がアフターマーケットによる売上を除いてはまったくない状態になってしまい、当社の置かれた状況はさらに悪化しています。そのような状況の中で、親会社からはさらなる人員の削減を求められています。

飲食業界の景気回復がいつになるか不透明なこともあり、今後、急激に受注が増え、売上が増加する

ことはまったく期待できません。この売上が少ない期間は、必要最小限の人員で乗り切らなければなりません。そうしないと、当社の将来はありません。

　そのため、当社は、現在の組織に基づいて、各部門に求められる業務内容とその業務を遂行するために必要となるスキルならびに必要最小限の人員数などについて、鋭意検討してまいりました。

　その結果、今後の人員を当面89名、そしてその後87名とすることとし、第二次希望退職者募集を行わざるを得ない状況になりました。希望退職者募集の要項は別紙のとおりです（**図表12**）。従業員の皆様方には、ご協力をいただきたくお願い申し上げる次第です。

以　　上

P：拝見しましたが、よく出来ていると思います。当日は、これを配付して補足しながら説明をしていただければと思います。また、説明会当日の質問として、どういったものが出てくるか、また、どのように回答するかの検討は、次回の打合わせで行いましょう。

2　個人面談時の説明内容の検討

P：次に、個人面談時の説明についてはどうでしょうか？

Y：その点は社内でも検討したのですが、どうしてよいかわからなかったので、今日、アドバイスをもらおうと思いました。

P：基本的には、残ってもらいたい人とそうではない人とでそれぞれに話す内容は異なります。残ってもらいたい人に対しては、残ってもらいたい旨、それから、応募したとしても承認・承諾をする可能性は低いことを説明する必要があります。例えば、こんな形になりますかね。

（残ってもらいたい人）

> 　先日、説明会でもご説明したとおり、会社の状況が極めて悪い中、2回目の希望退職者募集を実施することになりました。会社としては、必要最小限の人員でこの難局を乗り切っていかなければならない状況です。
> 　今回、希望退職者募集を行っていますが、会社としては、〇〇さんについては、会社が生き残っていくためには必要不可欠な人材であると考えています。そのため、できれば応募していただきたくないと考えておりますが、いかがでしょうか。

A：応募する	希望退職者募集要項では、割増退職金を受給できるのは会社が承認・承諾をした場合に限られています。そのため、〇〇さんが応募されたとしても、承認・承諾をしないということも考えられます。それでも退職したいという場合には、自己都合での退職という扱いになりますので、その点もお含み置きいただき、ご検討いただければと存じます。
B：応募しない	そうですか。安心しました。会社を再建するためには〇〇さんの力が必要です。引き続きよろしくお願いいたします。

P：次に、応募してほしい人については、その旨を説明する必要があります。また、応募するという従業員にはもちろん協力への感謝を、そして、応募しない、あるいは迷っているという従業員にはどうして応募しないのか、迷っているのかを聞き出し、まだ期間があるので、ご家族等と話をして検討してほしい旨を説明する必要があります。例えば、こんな形になりますかね。

（残ってもらいたくない人）

	先日、説明会でもお話したとおり、会社の状況が極めて悪い中、2回目の希望退職者募集を実施することになりました。会社としては、必要最小限の人員でこの難局を乗り切っていかなければならない状況です。 　今回、希望退職者募集を行っていますが、会社としては、○○さんについては、できれば応募していただき、新天地でご活躍いただきたいと考えています。会社が生き残っていくためにも是非ともご協力をお願いしたいのですが、いかがでしょうか。
A：応募する	ありがとうございます。会社として、これまでの○○さんのご貢献には大変感謝をしております。 　応募期限が○月○日までですので、それまでに所定の様式で応募をしてください。引き続き、退職日までよろしくお願いします。
B：応募しない （もしくは迷っている）	そうですか。もちろん、会社として、応募を無理強いはできませんが、応募されない理由（迷っている理由）はどういった点にありますか。 （・・・応募できない理由（迷っている理由）等を聞き出す・・・） 　なるほど、そういった理由なのですね。いずれにせよ、もう少し時間もありますので、ご家族とも話し合っていただければと思います。別途、面談をさせていただくこともあろうかと思いますので、その際はよろしくお願いいたします。

3　個人面談時の具体的な対応

 P：それから、この面談の場で聞かれることへの回答は、事前に用意をしておいたほうがいいと思います。

従業員から聞かれることとは、例えば、なぜ自分は応募したほうがよいのか理由を教えてほしいとか、応募した場合には解雇されるのかなどです。それらの想定問答を作成しておいてください。

 Y：了解しました。質問なんですが、例えば、会社が残ってほしい人は面談を行わず、応募してほしい人だけ面談を行うこととしてもよいのでしょうか？

P：それはやめたほうがよいでしょう。全員を対象にすべきです。

どうしてかというと、例えば、会社に残っていただく人だけ面談をするとしましょう。会社が面談をしていることは他の従業員にもわかることですが、これを行ってしまうと、面談を受けていない人たちは面談を受けている人達だけが優遇されるのではないかと思い、感情を害し、応募に消極的になるということです。

逆に、応募してほしい人だけ面談をするとなると、会社にとって戦力ではないと判断された人達だけが面談をされたと感じ取り、あたかもさらし者にされたという気分になって、これまた応募に消極的になるということです。面談は全員を対象として行うべきです。

Y：了解しました。それから、面談をする際、会社側は何名で行うべきでしょうか？

P：基本的には、1人で行うのはやめておくべきでしょう。できれば複数名、多くの場合は2名でお願いしています。これは、言った、言わないのトラブルになる可能性があるので、それを回避するためです。

Y：それなら録音すればよいのではないでしょうか？

P：最近は、どこへ行っても録音、録音です。個人面談というと録音。そもそも、職場内での無断録音は職場秩序を乱す行為です。もちろん、録音をしなければならないという場面もあり得るかとは思いますが、基本的に、従業員に対して録音を禁止しているのであれば、会社も、個別面談を秘密裡に録音するというのはやめておくべきかと思います。もちろん、本人の同意を取られるのであれば構わないとは思いますが。本当に、裁判でも録音テープばっかり出

てくるんですよ。もう、iPhone とかで自由に録音できるので、秘密録音が職場内で横行していると言っても過言ではありません。個人的には、秘密録音というのは好きではありません。

 Y：了解いたしました。

 P：面談を行うのは、どなたでしょうか？

 Y：基本的には、W、Y、Z になります。

 P：そうであれば、個人面談で説明する内容、想定問答などを整理したもの、面談マニュアルとか言ったりもしますが、それは作成しなくてもよいかもしれません。
多数の事業場で個別面談を行う必要があって、説明者も所属事業場をまたいだり多岐にわたったりする場合には、多くのケースで、こういう説明を受けたとか、ああいう説明を受けたとか、ばらつきが生じることがあります。そのばらつきをなくすためにも、そして、将来の裁判に備えるためにも、このように説明する、このように回答するといったマニュアルを作成しておくことは有用です。

 Y：ありがとうございました。

4 ## 残ってもらいたい人を選んだ理由の確認

 P：では、それぞれの部署で残ってもらいたい人の人選について聞かせてください。まずは、営業技術部の人選について、教えていただきましょうか。

 Y：営業技術部には、部長、次長、①係長、②係長、③係長の５名がおりますが、次長は、営業部の次長も兼務してい

て、実際に従事している業務のほとんどが営業部の業務ですから、営業技術部ではなく営業部の人員とカウントすることにして、営業技術部における人選の対象外としました。したがって、4名のうち2名を削減することになりました。

営業技術部の社員は、見積仕様書、見積図、原価見積仕様項目表を作成することが主たる業務ですが、見積書作成の必須スキルとして、CADを使いこなせなければなりません。また、大型冷蔵庫の周辺機器に関する知識も必須です。これを前提とした場合、部長は54歳であり、○○大学機械設計科中退後、昭和54年に入社し、約10年間技術部で設計を担当した後、平成元年から3年程度冷凍庫の設計を担当し、平成4年には技術管理部に異動となり、以後、長期間、見積仕様書、見積図の作成業務に従事し、平成20年には技術管理部長となったベテランです。大型冷蔵庫の姿図を作成できることはもちろんのこと、システムについても十分な知識があります。設計も長期間担当していたのでCADも十分に使いこなすことができる、スキル、経験値とも非常に高い社員です。会社内で彼以上に大型冷蔵庫に関する知識、経験を有している者はいない程、会社にとって必要不可欠な人材です。そのため、部長には残っていただく必要があると判断しました。

残る1名ですが、①係長は38歳であり、△△大学工学部機械科卒業後、平成6年に入社し、4年程度開発部で勤務、平成10年に技術部に異動となりました。以後、大型冷蔵庫受注後の仕様書の確認、修正、姿図の作成、据付けのために必要となる建屋内の機器配置図面の作成等に従事してきたベテランです。CADを使いこなして姿図を作成できることはもちろんのこと、システムについても十分な知識がある、スキル、経験値とも非常に高い社員であり、見積仕

様書、平面図、その他、大型冷蔵庫の設計で一番難しいとされる冷凍庫の設計も1人で作成できる人材です。

②係長は52歳であり、□□大学機械工学科卒業後、平成3年に入社し、技術部で設計業務に6年従事、その後、技術管理部見積グループに異動し、見積業務に従事してきました。②係長も、見積図、見積仕様書の作成に13年間従事してきたベテランであり、CADを使いこなして姿図を作成できることはもちろんのこと、システムについても十分な知識がある、スキル、経験値ともに非常に高い社員であり、見積仕様書、平面図はもちろんのこと、大型冷蔵庫の設計で一番難しいとされる冷凍庫の設計も1人で作成できる人材です。

③係長は47歳であり、××大学芸術学部卒業後、A株式会社で営業業務に従事していたため、大型冷蔵庫の技術に関するバックグラウンドはありません。また、入社してから2年間②係長がつきっきりで指導したものの技術・知識の習得に意欲的に取り組まず、十分な知識は身に付きませんでした。そのため、CADを自由に使いこなすことができず、システムについても十分な知識がないため、お客様の要望に応えるための設計もできません。姿図、平面図も1人で作成することができず、ましてや設計を1人で作成することは不可能です。2年間の間に大型冷蔵庫の姿図の一部修正を、②係長の指導の下、3件行ったに過ぎません。そのため、スキルを踏まえると、③係長を残すという選択肢はなく、①係長、②係長のどちらかで両名とも甲乙つけ難かったのですが、年齢を考えると、部長のスキルを伝承し、長く会社に貢献してもらうためには①係長が望ましいと判断しました。

 P：詳細な説明ありがとうございました。

【以下、他部署の人選は省略】

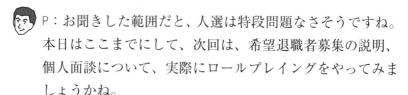

P：お聞きした範囲だと、人選は特段問題なさそうですね。本日はここまでにして、次回は、希望退職者募集の説明、個人面談について、実際にロールプレイングをやってみましょうかね。

W：了解しました。

P：では次回ですが、組織再編まで忙しそうですから、4月5日にしましょうか。

Y：了解しました。

第2章　ストーリーで学ぶ整理解雇

所内会議3 （令和3年3月10日夜）

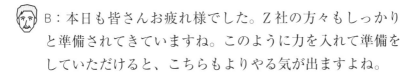

1 準備の重要性

B：本日も皆さんお疲れ様でした。Z社の方々もしっかり
と準備されてきていますね。このように力を入れて準備を
していただけると、こちらもよりやる気が出ますよね。

P：そうですね。皆さん、会社の危機を肌で感じているの
で、一生懸命に時間をかけて準備してくれていますね。

A2：面談ではどういった話をするのかとかも、事前に用
意しておくんですね。

B：そう、何事も準備が大事なんですよ。事前の準備とい
うのは裏切らないものですよ。

A2：何を質問される可能性があるのか、その際、どういう
回答をするのかを事前に想定して、想定問答を作り、回答
も作っておくということですが、結構、準備に時間がかか
りますよね。

P：そうだね。資料や記録をすべて読んで何を聞かれるの
かを考え、どういった回答をするのかも考えるのは結構な
時間がかかりますね。資料や記録を読みながら、鋭意準備
するしかないわけです。

希望退職者募集の説明、個人面談ロールプレイングの必要性

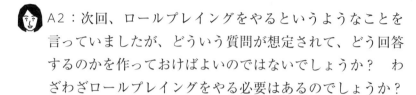

A2：次回、ロールプレイングをやるというようなことを言っていましたが、どういう質問が想定されて、どう回答するのかを作っておけばよいのではないでしょうか？　わざわざロールプレイングをやる必要はあるのでしょうか？

B：弁護士の好みもあると思うけど、こう聞かれたらこう回答しましょう、という意識合わせをして、あとは整理したものを読んでおいてくださいね、というのだけで終わらせてもいいのでしょうが、僕の場合は、昔から、ロールプレイングというか、練習をしてますね。どうしてかというと、紙を読んで理解するのと実際にやってみるのとでは、大違いだからです。

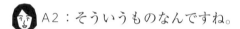

A2：そういうものなんですね。

B：次回、P先生が質問役として良いものを見せてくれると思いますよ。みんなも何を聞くか、打合わせまでに考えておいてくださいね。

P：ほんと、裁判の証人尋問前の予行演習では、証人の方からもうこれ以上詰めないでくださいって言われますからね。B先生の詰めは、ほんとにヤバい。

B：また人聞きの悪い。そんなことないですよ。さぁ、今日は、焼鳥でも食べに行きますか。事務所の近所にできた新しい焼鳥屋へ行ってみたいと思うんですが、誰か行ったことありますか。

A1：先日行きましたよ。

B：どうでした？

A1：美味しかったです。焼鳥って、串に刺さってるのがほとんどじゃないですか。あのお店は、串に刺さない焼鳥屋ということで注目を集めてるみたいです。

B：では、行ってみましょうか。

Ⅸ 4回目の打合わせ
（令和3年4月5日）

1 希望退職者募集説明会後の質問ロールプレイング

 P：4月1日に組織の再編をされましたが、どうですか。

 Y：特に混乱もなく動いています。

 P：さて、本日ですが、希望退職者募集の説明会後の質問についてのロールプレイングをやってみましょう。

 Y：わかりました。

【Yが希望退職者募集要項を読み上げる】

 P：では、これから、私が社員役をやりますね。いろいろと質問をしていきますので、本番だと思って回答してください。

 Y：はい、わかりました。

 P：「希望退職者募集の実施について」には、3行目に「受注活動を強化する一方で」とありますが、具体的に何かしたのでしょうか？

 Y：受注活動は前から強化しています。

 P：この文章には、打開するために受注活動を強化したと

あるので、具体的にどういうことをやったのかを聞いているのですが。

Y：・・・（沈黙）・・・

P：具体的に何をしたのかをお答えいただければいいのですが。

Y：P先生、どう回答すればよいのでしょうか？

P：自分で考えてください。答えをこっちに求めない。

Y：・・・（沈黙）・・・

P：では、ここで一回止めますね。何か、受注活動強化策として行ったことはないのでしょうか？

W：接待を強化したということはありますが。

P：そう、それでもいいんですよ。

Y：このご時世、接待強化は言ってはいけないものだと思ってました。

P：実際にやってみると真剣に考えますよね？それが大事なんです。では、続けましょう。

Y：はい。

P：今回、希望退職者募集は２回目ですが、会社が倒産するということはあり得るのでしょうか？

Y：もちろんその可能性はありますが、我々は倒産しないようにスリム化して、小さい組織ながらも強く生き残るということを考えています。

P：希望退職に応募する人が応募人数に達しない場合は、

どうなるのでしょうか？

Y：会社としてどうするかを検討します。

P：具体的には何を検討されるのでしょうか？　解雇ですか？

Y：まぁ、いろいろです。

P：いろいろと言われても困ります。我々、従業員には言えないのでしょうか？

Y：そんなことはありません。

P：解雇されるんですか？

Y：わかりません。

P：従業員の雇用は守ってくれるんですよね？

Y：もちろんです。

P：では、未達でも解雇はないという回答として聞いておきますが、それでよろしいですか？

Y：えっ、いや……。

P：ここで1回止めますね。応募する人が少なければ最終的には整理解雇もやむを得ない、整理解雇もあり得ることは伝えてもいいんじゃないですか？

Y：いや、解雇ということは言ってはいけないのかなと思ったので。

P：解雇すると断言してしまうのはどうかと思いますが、解雇もあり得ることは伝えてもよいと思いますし、伝えるべきではないでしょうか。会社として腹をくくって最後の

再建策に賭けているということを強く伝えてもよいと思います。

Y：わかりました。

P：では続けます。整理解雇もあり得るということはわかりましたが、その場合は、誰が整理解雇になるのでしょうか？

Y：それはまだわかりません。その時点にならないと何とも言えません。

【以後、ロールプレイングが続く】

P：やってみてどうでしたか？

Y：いや～、とても疲れました。実際やってみると難しいもんですね。

P：そうなんですよ。でも１回やってみるのとやらないのとでは違いますよ。次は、個別面談のロールプレイングをしてみましょうか。まずは、希望退職に応募してもらいたい人の面談からやってみましょう。

2　個別面談のロールプレイング

Y：先日、説明会でもお話したとおり、会社の状況が極めて悪い中、２回目の希望退職者募集を実施することになりました。会社としては、必要最小限の人員でこの難局を乗り切っていかなければならない状況です。今回、希望退職者募集を行っていますが、会社としては、○○さんについては、できれば、希望退職者募集に応募していただき、新

天地でご活躍いただきたいと考えています。会社が生き残っていくためにも是非ともご協力をお願いしたいのですが、いかがでしょうか？

P：今のところ、応募は考えていません。

Y：差し支えなければ、応募されない理由を教えてくれませんか？

P：この年齢になると再就職は厳しいですし。生活もありますからね。

Y：そうですか。もう少し時間もあるので、ご家族とも話し合っていただければと思います。別途、面談をさせていただくこともあろうかと思いますので、その際はよろしくお願いいたします。

P：あの、私は一人暮らしなので家族はいませんが？

Y：そうでしたね、失礼しました。

P：希望退職者募集に応募しなかったら、どうなるんですか？

Y：会社として、未達の場合には整理解雇も含めて検討をせざるを得ないというのが正直なところですが、そのときにどうするかを判断するということになります。

P：私はこのままだと整理解雇されるのでしょうか？

Y：もちろん、その可能性がないとは言い切れませんが、整理解雇になるということも現段階では決まっておりません。

P：ところで、どうして、私には希望退職者募集に応募してほしいということになったのでしょうか？

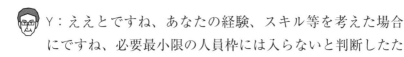

Y：ええとですね、あなたの経験、スキル等を考えた場合にですね、必要最小限の人員枠には入らないと判断したためです。

P：となると、整理解雇されるってことですか？

Y：いや、現時点ではまだ決まっていません。希望退職者募集がどうなるのかもありますし。

P：はい、ここで1回止めましょう。
家族のところは少し意地悪をしてしまいましたが、面談にあたってはちゃんと家族構成についても確認しておきましょうということを言いたかったので、聞いてみました。そして、整理解雇になるのですか、という質問については、そのように回答していただくことになろうかと思います。現時点で、整理解雇すると決まっているわけではありませんからね。

【その後も、ロールプレイングを続ける】

Y：いや～、実際にロールプレイングやってみると本当に大変です。事前に経験できて良かった。いきなり本番だったらあたふたしていたかもしれません。ありがとうございました。

P：では、別途、質問と回答をまとめたものをお送りしますので、それらも読んで頭の中を整理しておいてください。希望退職者募集の説明会は4月26日ですが、それまでに打合わせを入れる必要はありますか。

Y：大丈夫です。何か質問があれば、電話あるいはメールでお問い合わせいたします。

P：了解しました。

所内会議 4 （令和3年4月5日夜）

1　想定問答作成の仕方①：記録の整理

 B：今日もお疲れ様でした。最近、コロナの影響による人員削減やら労働条件の変更やらの相談が続きますね。

 P：そうですね。ウィズコロナもそれなりに定着してきましたが、外食産業、観光業などは本当に大変ですね。

 B：まぁ、我々はお客様からのご相談に真摯に対応し、助力をしていくしかありませんね。

 P：そうですね。

 A1：P先生、今日の打合わせのために、想定問答の作成など準備をされたと思うんですが、どのくらい時間がかかりましたか？

 P：そうですね。正確に測っているわけではありませんが、6時間程度でしょうか。

 A2：準備の仕方を教えてほしいんですが。

 P：自分でやってみて、試行錯誤しながらじゃないですか。

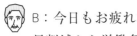 A2：それを言ってしまったら身も蓋もないじゃないですか。右も左もわからないんですから、教育してくださいよ。

P：わかった、わかった。教えますよ。ただ、これは僕の方法ということで、みんなに合うかどうかはわからないですからね。

A2：もちろんです。

P：僕の場合、まずは、記録の整理から始めます。これは整理解雇の事案だけではなく、すべての事案で行っていることです。これまでにもらったいろいろな資料を並べ替えます。

多くのケースでは、まず、会社パンフレット、就業規則などの規程類、組織図、財務関連資料、また希望退職者募集要項など起案したものの最終版、打合わせ時のメモなどを、並べ替えます。

その上で、それぞれに付箋をつけて、何がどこにあるかが一目瞭然にします。昔は紙の付箋を使っていましたが、紙の付箋だと折れて見えなくなったりして一覧性に欠ける場合があるので、最近は、少し値は張りますがフィルムの付箋を使っています。これ、いいですよ。

A1：僕は紙の付箋を使っていました。

2 想定問答作成の仕方②：時系列表の作成

P：それで、記録を整理してからは、時系列表を作ります。今回のケースでも、いつ一時帰休を行ったとか、いつ第1回希望退職者募集を行ったとか、記録に表れている出来事をすべて時系列表に落とし込みます。これ、自分でやると本当に頭の整理ができるんですよ。特に、証人尋問前なんかは作っておくと極めて有用です。だから僕はいつも時系

列表を作ってってお願いするんです。

A2：そう言えばそうですね。P先生は、時系列時系列って言ってますもんね。

P：そう。時系列表の有用性については、労働判例1194号の巻頭言で、岡崎教行弁護士が書いているので、読んでみたらどうかな。

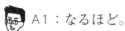

3 想定問答作成の仕方③：質問の作成

P：時系列を作った後、ようやく質問を考えます。この時系列からすればこういったことがあったのではないですか？とか、文書を出している場合はその文書について、細かくどういう意味なんですか？　とか考えていくわけです。今日の打合わせでも、「希望退職者募集の実施について」の「受注活動を強化する一方で」というところについて、突っ込んで質問したでしょ？　あれは、その具体的なところを教えてくださいと質問したわけです。

たくさん訴訟なり事件なりを経験してみると、案外、文書に書かれていることを詳しく、細かく突っ込まれると、言えなかったりすることが多いと経験で知っているんですね。だから、どうしてこういう文言を使ったの？　ということを質問して、具体的に回答する準備が出来ているかどうかを再認識してもらうわけです。

A1：なるほど。

P：これもすべてB先生の指導を受けて、たくさんの事件を経験して、身に付けたスキルですけどね。

B：今のP先生の話を聞いてわかると思うけど、良い仕事

をするには一定程度の時間をかけるというのはマストですね。もちろん、効率的に仕事をすることは必要だけど、労働事件は特に時間をかけないと良い仕事はできない、これは私のボスも昔言っていたことです。

働き方改革ということで労働時間の削減が叫ばれてはいるけれども、弁護士は個人事業主でもあるので、労働時間の削減はなかなか難しい。うちの事務所も、できるだけ働く時間を短くしたいんだけれども、正直、うまくは行っていない。今後、みんなからもいろいろな意見なりアイディアを募りたいので、思うところを言ってくださいね。

A2：弁護士を増やせばいいじゃないですか。私はもう1人できる先輩がほしいです。

P：後輩はいらないの？

A2：忙しいところに私みたいな新人がまた入ってきても、足手まといになっちゃうじゃないですか。

P：そんなことないですよ。いろいろと第一次的な起案をしてもらえるのは、とてもありがたいですよ。

A2：原型をとどめないくらい直されているんですけど。。。全然説得力がないです。

P：いやいや、あれは修正履歴だと場所を移動したりとかも修正したことになっちゃうからですよ。助かってますよ。

A2：でも、A1先輩みたいにもう1人できる先輩がいたほうがP先生も楽になるんじゃないですか？

P：短期的にはそうかもしれませんが、人の採用を考えるときは、長期的に考えたいと思っています。今忙しいからそれをしのぐために人を採用する、ということは考えてい

ません。長期的に、一緒に頑張ってもらいたいと思っているので。

A1：P先生、採用って言ってますが、個人事業主として事務所に参加してもらうので、厳密には採用ではないですよ。意識の根底に、弁護士は労働者というのがあるんじゃないですか？

P：一本取られたなぁ。言葉の綾ですよ。そんないじめないでくださいよ。

A2：やはりA1先生は鋭い。

B：こらこら、A2先生、火に油を注がないの。

A2：すみません。P先生があたふたしてるの初めて見たので、おもしろくなってしまって。

B：今日はどこに行きましょうか。

P：鉄板中華が美味しいお店が中野にあるので、是非どうでしょう？そこの麻婆豆腐がおいしいんですよ。

A2：食べたい！

A1：いいですね。前に連れて行ってもらったところですね。

B：ではP先生、予約をお願いします。

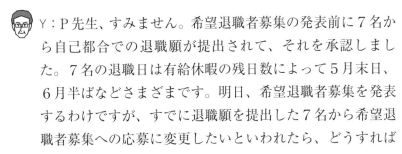

1 自己都合での退職申出者から希望退職者募集への応募に変更したいといわれたら？

Y：P先生、すみません。希望退職者募集の発表前に7名から自己都合での退職願が提出されて、それを承認しました。7名の退職日は有給休暇の残日数によって5月末日、6月半ばなどさまざまです。明日、希望退職者募集を発表するわけですが、すでに退職願を提出した7名から希望退職者募集への応募に変更したいといわれたら、どうすればよいでしょうか？

P：その場合、7名の方々は自身の考えで退職をしたのであり、希望退職者募集への応募を認めてあげる必要はありません。毅然と対応していただければと思います。

Y：ありがとうございました。そのように対応いたします。

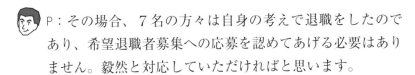

2 募集人員数の変更は必要？

Y：また、希望退職者募集の人数では31名としていたのを24名に直したほうがよいですよね。

P：その方々は、残ってほしい人達だったんですか？

Y：いや、希望退職に応募していただきたい人達でした。

P：それは良かったですね。募集人員数は、24名に修正して
ください。

Y：ありがとうございます。そのように対応いたします。

XII 5回目の打合わせ
（令和3年5月13日）

1　応募状況、締切延長スケジュールの確認

P：希望退職者募集の説明会、個別面談はどうでしたか？

Y：事前にロールプレイングもしてもらったので、つつがなく終わりました。

P：希望退職者募集については、多くの人が応募してくれそうですか？

Y：それがあまり芳しくありません。前回の打合わせ後、電話でもP先生にお伝えしましたが、発表前に7名が自己都合で退職しました。そのため、24名を応募人数としたのですが、明日5月12日に締切日を控えて、現時点での応募は16名です。8名が未達となっています。

今後は、予定どおり募集締切を延長し、個別面談で退職勧奨を行うということになるかと思いますが、それでよろしいでしょうか？

P：8名未達ですか。厳しいですね。予定どおり募集締切を延長して、それを従業員の方々に周知しましょう。延長後の募集締切は、5月19日までにしましょう。

2 応募締切前後に行う個別面談時の対応

 P：また、明日が締切日ということで、明日、応募していただきたい方々に対して、短時間でよいので個別面談をしてください。そして、延長後も個別面談をしてください。

 Y：了解しました。面談では、応募してほしい旨を再度お願いするということでしょうか？

 P：そうですね。応募者が少ない旨の説明もしてください。次回打合わせですが、延長した募集締切の5月19日夜にしましょうか。

 Y：わかりました。

XIII 6回目の打合わせ
(令和3年5月19日)

1　応募状況の確認

　P：その後の状況はいかがでしょうか？

　Y：あれから個別面談を複数回行い、渋々ながらも、7名の方が応募してくれました。ただし、退職日は、4名が6月末日、1名は7月15日、2名は5月末日となりました。

　P：退職日が異なる方々についてはどうしてですか。

　Y：話をしていく中で、そこが妥協点であったためです。中には、退職金の上乗せが基本給6カ月分は少ない、もう少し何とかならないかという方もいらっしゃいました。ただ、希望退職者募集という同じスキームの中で1人だけ特別扱いにすることはできず、とり得た選択肢が退職日の延長でしたので、それで合意をしていただきました。

　P：なるほど、そうだったのですね。それは問題ありません。7名の方が応募したということは、未達は1名ということですね？

　Y：はい。この1名についてどうしようかという点を悩んでおります。

　　未達1名を整理解雇とすることの是非

P：そうですね。この1名を整理解雇するかどうかという点は、悩ましいですね。

Y：仮に1名を整理解雇とすると、その解雇は裁判所で勝てるのでしょうか。

P：極めてリスクが高いですね。裁判例の中には、未達の場合に1名を整理解雇しなければならないのかについて、人員削減の必要性を整理解雇の必要性と読み替えて、その必要性がない、つまり、1名であれば整理解雇までしなくてもよいのではないかという判断がされた事例もあります。

Y：ただ、応じてくれた7名も、退職も勧告して何とか応募してもらったという経緯があります。ある意味、最後まで嫌だと言った方が退職されないというのは不公平かと思うところです。

P：そのお気持ちはわかります。法的なリスクはありますが、他の従業員との関係等も踏まえて、経営判断をしてもらうしかないところですね。その1名は、どこの部署の方ですか？

Y：営業技術部の③係長です。

P：営業技術部では、たしか2名を残したいということでしたよね？

Y：そうです。営業技術部では、残ってほしかった①係長が自ら応募をしてきました。他方、②係長は応募しないという意向でした。会社としては、①係長、②係長のどちらも甲乙つけ難いと考えていたのですが、どう説得しても①

係長は辞めるといい、②係長は辞めないというので、仕方なく①係長の応募は承認しました。③係長は、希望退職者募集には応募されませんでした。

P：なるほど。当初の予定では部長と①係長に残ってもらいたいと考えていたものの、結局は、部長と②係長に残ってもらうということになったわけですね？

Y：はい、そうです。

P：いずれにしても、③係長には退職していただきたいという点は変わらないわけですね。

3　応募しない従業員への退職勧奨時の説明内容の確認

P：③係長とは、個別面談などでどういった話をされたのでしょうか？

Y：まず、4月30日に30分の個別面談を行いました。その際は、希望退職者募集の条件、それから真摯な検討をお願いしたいこと等、従前に準備していた内容について説明をしました。その際、③係長からは、わかりましたとの回答がありました。

P：その次の面談はどうだったのでしょうか？

Y：5月13日に30分の個別面談を行いました。希望退職者募集に応募するかの意思を確認したところ、まだ決めていないという趣旨の回答がありましたので、是非応募していただきたいと説明し、検討のうえ、明日中に回答がほしい旨を依頼し、③係長もそれに同意いただきました。

P：そして、5月14日の個別面談ではどうだったのでしょうか？

Y：希望退職者募集には応募しない方向で考えているという回答がありました。そのため、配置できる部署が見当たらないこと、会社の厳しい現状を説明し、もし転職に不安があり、転職エージェントサービスの利用を希望するということであれば、連絡先を教えることは可能であるという趣旨の説明をし、14日という応募期限ではあるけれども、19日であっても応募を受け付けることは可能であることを説明し、再度検討することを依頼し、それを了解していただきました。

P：その後どうなったのですか。

Y：本日5月19日も4回目の個別面談をしました。③係長からは、希望退職者募集の条件は良くならないのか、仮に、今回応募しないとして、将来に行われるかもしれない希望退職者募集では退職の条件が良くなるのではないかという趣旨の質問がありました。

そこで、退職の条件は、希望退職者募集の要領に記載されたとおりであり、それを上回る条件にはならないこと、将来、仮に再び希望退職者募集が実施されたとしても、退職の条件が今回の希望退職者募集よりも良くなるということは考え難いことを説明しました。

また、会社は必要最小限度の人員しか確保することができず、③係長を雇用し続ける余裕はないこと、他部署も必要最小限の人員で運営していかねばならず、③係長を配置できる部署がないことを改めて説明し、それを踏まえて、希望退職者募集に応募するか否かを検討することを依頼し、③係長もそれを了解されました。

P：では、その回答を待ちましょう。次回ですが、5月24日にしましょうかね。

Y：はい、お願いいたします。

図表14　面談記録

面談模様

1　面談日時：○年○月○日○時～○時

2　面　談　者：○○および○○課長

3　面談内容
　　　　　○○：×××××××××××××××××
　　　○○課長：×××××××××××××××××
　　　　　○○：×××××××××××××××××
　　　○○課長：×××××××××××××××××
　　　　　　　　　　　　　　　　　以　　上

1　応募状況の確認

 P：その後、③係長は応募されたのでしょうか？

 Y：結局応募しませんでした。経緯を申し上げますと、5月20日も個別面談をしました。この日も、③係長からは応募しないことを考えているという趣旨の説明がありましたので、予定されている人数が希望退職者募集に応募されない場合には、最終的には解雇にもなりうることを説明したうえで、希望退職者募集に応募しないという考えは、確定的な考えなのかどうか、再度、検討する余地はないのかという趣旨の質問をしたところ、家族と再度話をしてみるということでした。

③係長は、他の従業員に対して、退職勧奨を受けているということを言いふらしていたので、周りの従業員、つまりすでに希望退職者募集に応募した従業員も、③係長が退職勧奨に応じなければどうなるのかを注視している状況でした。

 P：なるほど。それからどうなったのでしょうか？

Ｙ：５月21日にも５回目の個人面談をしました。再度、会社の厳しい現状を説明し、③係長の経験、スキルからしても③係長を配置できる部署がないこと、また、希望退職者募集の要項に記載している以上の優遇された退職条件は提示できないこと等を説明し、③係長に希望退職者募集に応募する意思があるかを確認したところ、家族と相談し、希望退職者募集に応募するかどうかを決定し、24日までに連絡するという回答がありました。そして、５月24日に、③係長からは、希望退職者募集には応募しないとの回答がありました。

Ｐ：ありがとうございました。

２ 最後に希望退職者募集に応募する機会を与える

Ｐ：どうしますかね。

Ｙ：他の従業員が注視していることも踏まえると、リスクが高いのは承知のうえで整理解雇もやむなしというように考えております。前回、先生からはリスクがあるという見解をいただきましたが、すでに社長ともその点の意識合わせはしています。

Ｐ：了解しました。整理解雇のリミットは５月31日でしたね。最後にもう１回努力をしてみたいと思いますが、いかがでしょうか？

Ｙ：具体的にはどういうことでしょうか？

Ｐ：一度、文書で希望退職者募集に応募してほしいことを説明し、最後の応募の機会を与えたいと思います。説明文

書の起案をしますので、少しお待ちください。

【Ｐ弁護士が会議室を離れ、説明文書を起案】

Ｐ：お待たせしました。このような文書を出していただきたいのですが。これまでと内容は同じですが、本人に理解してもらうために、文書にしました。

図表15　希望退職者募集への応募のお願い

令和３年５月26日

③係長　殿

Ｚ株式会社

代表取締役社長　　○○○○

希望退職者募集への応募のお願い

　貴殿もご承知のとおり、先般来、当社を取り巻く経営環境は極めて厳しい状況となっています。この状況を打開するため、当社は、受注活動を強化する一方で、令和２年５月以降、一時帰休の実施、給与カット、残業禁止、派遣社員の契約打切りなど、取り得る限りのあらゆる経費削減策を実施してきました。

　しかしながら、親会社は、現在のような赤字経営は許さず、令和３年は利益をブレークイーブンに、令和４年以降は黒字にすることを強く求めています。親会社は、利益を出せる見通しを示せないところは継続を認めることはできないとの強い姿勢で、さらなる経営改革を指示しています。当社は、平成26年から令和２年の７年間のうち６年間は赤字という、極めて深刻な

赤字体質になっています。この赤字体質からの脱却なくして当社の存続はありません。受注の減少から売上高も少なくなり、その少ない売上でも利益が確保できるように会社体質を改善しなければなりません。そのため、当社の固定費の大きな部分を占める労務費を削減すべく、やむを得ず、令和2年12月に第一次希望退職者募集を実施いたしました。

　ところが、第一次希望退職者募集を募集した時点で受注を期待していた2つの引合いを最終的に受注することができず、その結果、アフターマーケットでの売上を除いて令和3年、令和4年の仕事がまったくない状態になってしまい、当社の置かれた状況はさらに悪化しています。そのような状況の中で、親会社からはさらなる人員の削減を求められています。

　飲食業界の景気回復がいつになるか不透明なこともあり、今後、急激に受注が増え、売上が増加することはまったく期待できません。この売上が少ない期間は、必要最小限の人員で乗り切らなければなりません。そうしないと、当社の将来はありません。

　そのため、当社は、現在の組織に基づいて、各部門の業務内容とその業務を遂行するために必要となるスキルならびに必要最小限の人員数などについて、鋭意検討してまいりました。

　貴殿が所属する営業本部営業技術部には、顧客との新規受注のために活動し、客先の潜在ニーズや要望される機能や性能を判断しての客先工場の設計から工場オペレーションに関するコンサルティング、見積作成や客先への提案書・プレゼン資料作成から図面、仕様書、機械配置図の作成と、これらの資料に基づいた仕

様確認・最終的な受注仕様の決定・出荷までの前プロセスを営業とチームで実施することが求められています。そのための技術的バックグラウンドが営業技術部員に求められており、必要最小限の人員でこれら業務を行っていく必要があります。

こうした観点からすると、遺憾ながら、貴殿の技術的スキルは十分ではないと判断しております。また、他部門も必要最小限の人員で業務を行っていかなければならないことから、貴殿を再配置する先も見当たりません。

当社としても、このような状況になってしまったことについては忸怩たる思いがございますが、当社の置かれている大変厳しい状況をご理解いただき、当社の存続のためにも、是非とも、貴殿には、今般の第二次希望退職者募集に応募していただきたく、再度、お願い申し上げる次第です。

以　　　上

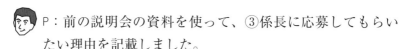

P：前の説明会の資料を使って、③係長に応募してもらいたい理由を記載しました。

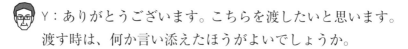

Y：ありがとうございます。こちらを渡したいと思います。渡す時は、何か言い添えたほうがよいでしょうか。

P：これに応じていただきたいこと、応じていただけない場合は解雇となる可能性が高いこと、もし応募する考えがあれば5月30日午後6時までに連絡してほしいと、伝えてください。

Y：了解しました。

③ 解雇通知書の作成

 Y：もし、応じなかった場合には解雇となりますが、解雇通知書を作成していただけませんか。

 P：もちろんです。少し待ってくださいね。

【P弁護士が会議室を離れ、解雇通知書を起案】

図表16　解雇通知書

令和３年５月31日

③係長　殿

Ｚ株式会社
代表取締役社長　　○○○○

解雇通知書

　会社は、貴殿との雇用関係をこれ以上維持することが困難となりましたので、就業規則第○条○号を適用のうえ、貴殿を令和３年５月31日付で解雇することとし、本通知をもってこの段通知します。

　解雇予告手当については、貴殿の給与振込口座に本日支給いたしましたので、ご受領ください。

　また、会社が貴殿に貸与している人事諸規程、健康保険被保険者証、パーソナルコンピューター、ロッカーキー、名刺については至急会社にご返送ください。

以　　上

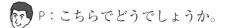P：こちらでどうでしょうか。

Y：ありがとうございます。

P：最後に応じていただけるといいですね。

Y：はい、誠意を尽くして話をしたいと思います。

第2章　ストーリーで学ぶ整理解雇

XV 所内会議5

（令和3年5月24日夜）

1 最後に希望退職者募集に応募する機会を与える意味

B：今日もお疲れさまでした。今回の人員削減については、残る1人の方がどうされるかという問題はありますが、大きな混乱もなかったので、概ね成功ですね。途中で労働組合が結成されて団体交渉を何度も行わざるを得ないとか、退職金の上乗せを迫られるというケースも多数あります。

P：そうですね。今回のケースは、会社の方々も頑張っていただいたというのもあってか、もちろん、本当に危機感を持っておられて、従業員の方々にもそれが通じたんだと思います。

A1：今日の打合わせで、最後にもう一度応募するかを考えてもらう機会を与えましょうというアドバイスをされて、文書でも説明しましょうということで起案をされましたが、もう何回も本人の意思を確認していますよね？　最後にわざわざ機会を与える必要はないかと思っていたのですが。

B：たしかに、そういう考えもあるでしょう。ただ、労働事件というのは、手続きが極めて大事です。無駄になるかも

しれないけど行うというのが大事になります。そして、記録に残すという意味で、今回、Ｐ先生は文書でも説明をするという形をとりました。僕が主任弁護士でも同じようにしていたと思います。

2　無駄を覚悟で手続きを踏むことが重要

Ｐ：休職期間満了での退職時の対応を引合いに出して、講演とかでもよく話をするんですが、休職期間満了の際に、従業員から主治医の診断書が出てきますね。そして、その内容について主治医の先生に確認し、治癒の有無を判断したいというケース。

この場合、もちろん主治医は本人の同意がなければ話をしてくれない。そうなると、本人から同意をもらわないといけない。この同意をもらうことについて、その後の道が分かれてくるのです。

１つは、１回本人に同意してくださいとお願いして断られ、断られたからもう無理だと諦め、治癒は立証されていないと結論を出して休職期間満了での退職とする場合。もう１つは、何回も本人に同意してくれとお願いして、何回もお願いしたけど、本人が同意してくれなかった。会社としては、本人が治癒しているかどうかを判断するために出来得る限りの努力をしたけれども、本人が同意してくれず、やむなく治癒とは判断できなかったという場合。

この２つはまったく異なるよね？　同意が得られればいいんだけど、得られなかったとしても、その場合はお願いする行為自体は無駄になるけど、無駄かもしれないからやらない、ではなくて、無駄になるかもしれないけどやるというのが大事だ、ということをＢ先生から教わったんだ。

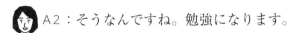

A2：そうなんですね。勉強になります。

B：さすが、僕の下で長く経験を積んだだけはありますね。

P：昔は辛かったですからね。。。

A2：何が辛かったんですか。

P：まぁ、ほら、あれよ、いろいろとさ。

A1：なんとなくわかります。

B：そんな話はいいとして、今日は、うなぎでも食べに行きますかね。

8回目の打合わせ

 Y：前回の打合わせの後、③係長に文書を渡し、説明をしましたが、希望退職者募集への応募はありませんでした。そのため、昨日、解雇通知を渡しました。

 P：解雇を言い渡した際はどのような様子でしたか。

 Y：坦々と応じてました。私物の引上げも、文句もいわずに応じていました。

 P：そうですか。今後、弁護士から受任通知が届く、あるいは労働組合から団体交渉申入れがあるという可能性がありますね。いずれにしても、あとは会社としては粛々と対応ですね。

 Y：はい、今回の人員削減、1名は整理解雇せざるを得ませんでしたが、概ね混乱もなく終わったのは、先生方のおかげだと思っています。ありがとうございました。

 P：いえいえ、まだ終わってないかもしれませんからね。

　その後、③係長は弁護士に委任し、解雇が無効であるとして、復職を要求してきた。

　この件についてB弁護士が会社から委任を受け、③係長の代理人弁護士と数回の協議を行うこととなった。

退職合意書に関するやりとり （令和3年6月28日）

 P：③係長の復職要求の件ですが、代理人弁護士との協議の結果、次のような条件で退職に合意してもらえることとなりました。退職合意書は、**図表17**のように作成しようと思いますがいかがでしょうか？

・令和3年5月31日付の普通解雇を撤回し
・同日付で会社都合により退職したことを確認し
・会社が③係長に、一定の解決金を支払うこと
・本件に関して第三者には一切口外しないこと

 B：あぁ、これでいいでしょう。これで本当の意味で今回の人員整理は完結したね。お疲れ様でした。

さて、この合意書を作成するうえで、どういう点が問題になるかA1先生、A2先生はわかるかな。

 A1：：解雇を撤回して、退職ということですが、退職日を合意日にしないで解雇日にするというのはどうしてでしょうか。

 P：それは、解雇撤回して、退職日をずらすことになると、すでに行っている社会保険の資格喪失手続きであるとかが面倒であること、また、撤回した解雇の日から退職日までの給与の支給、それに伴う所得税の手続き等、いろいろな手間がかかるためです。

また、最近では、注意しなければならないのが、雇用調整

合　意　書

　Ｚ株式会社（以下、甲という）と③係長（以下、乙という）は、甲と乙との間の雇用に関する全ての問題（以下、本件という）の解決にあたり、以下のとおり合意する。

1　甲は、乙に対する令和３年５月31日付の解雇の意思表示を撤回し、甲と乙は、同日付で、乙が甲を会社都合で退職したことを確認した。

2　甲は、本件の解決金として金○○○万円を支払うことを認め、右金員を令和３年７月末日限り、乙の指定する銀行口座（○○銀行　○○支店　○○預金口座　口座番号○○　口座名義○○）に送金する方法で支払う。振込手数料は、甲の負担とする。

3　甲と乙は、今後、相手方の名誉信用を毀損する恐れのある行為を一切行わないものとする。

4　甲と乙は、本合意書の締結に至る経緯、本合意書の内容を第三者に一切明らかにしない。

5　甲と乙は、本合意書に定めるもののほか、両者間に何らの債権債務が存しないことを相互に確認する。

令和３年　　６月30日

　　　　　　　甲代理人：○○○○　　㊞
　　　　　　　乙代理人：○○○○　　㊞

助成金の関係ですね。会社都合での退職者が1人でも出ると、雇用調整助成金の受給率が変わってしまうようなので、その点も確認しておく必要があります。だからといって、自己都合退職にはできないので、雇用調整助成金の受給金額が下がることは説明しておかないといけないね。

A2：日本法令では、岡崎教行弁護士が、労働関係で作成が必要となる書類をどう作るかというゼミもやっていたみたいなので、興味があるんですよね。

P：あれは、社労士の先生向けの講座みたいだよ。うちの事務所にいれば、行かなくても大丈夫じゃないかな。

A2：そうですよね、毎日、揉まれてますもん。厳しい指導を毎日受けて、育っている感覚が自分でもあります。同期よりも、たくさん仕事やらされている、いや、やらせてもらっているので感謝しています。

B：あの〜、今、何て言ったの？「やらされている」って？それは、僕にではなくて、P先生にだよね？

P：（A2をじっと見る）

秘書：A2先生、○○社の○○さんからお電話です。

A2：あっ、電話だ。すみません。電話出ます。この話はなかったことにしてください。

一同：笑

【著者略歴】

岡崎 教行 （おかざき のりゆき）

寺前総合法律事務所パートナー。

2003年弁護士登録。

第一東京弁護士会所属。経営法曹会議会員。2017年10月中小企業診断士登録。

専門は人事労務を中心とした企業法務。著書に、『改訂版 使用者側弁護士からみた 標準 中小企業のモデル就業規則策定マニュアル』（日本法令）、『現代労務管理要覧』（共著、新日本法規出版）、『Q＆A労働法実務シリーズ9 企業再編に伴う労働契約等の承継』（執筆協力、中央経済社）、『Q＆A人事労務規程変更マニュアル』（共著、新日本法規出版）、『社労士のためのわかりやすい補佐人制度の解説』（労働新聞社）等。

高津 陽介 （たかつ ようすけ）

寺前総合法律事務所アソシエイト。

2011年弁護士登録。

第一東京弁護士会所属。同会労働法制委員会委員。経営法曹会議会員。

専門は人事労務を中心とした企業法務。

小池 史織 （こいけ しおり）

寺前総合法律事務所アソシエイト。

2019年弁護士登録。

第一東京弁護士会所属。同会労働法制委員会委員。経営法曹会議会員。

専門は人事労務を中心とした企業法務。

【判例索引】

Q&Aとストーリーで学ぶ
コロナ恐慌後も生き残るための
労働条件変更・人員整理の実務 　　　　　令和2年12月1日　初版発行

〒 101-0032
東京都千代田区岩本町1丁目2番19号
https://www.horei.co.jp/

（営　業）　TEL　03-6858-6967　　　Eメール　syuppan@horei.co.jp
（通　販）　TEL　03-6858-6966　　　Eメール　book.order@horei.co.jp
（編　集）　FAX　03-6858-6957　　　Eメール　tankoubon@horei.co.jp

（バーチャルショップ）　https://www.horei.co.jp/iec/
（お 詫 び と 訂 正）　https://www.horei.co.jp/book/owabi.shtml
（書籍の追加情報）　https://www.horei.co.jp/book/osirasebook.shtml

検印省略			
	岡　崎	教	行
著　者	髙　津	陽	介
	小　池	史	織
発行者	青　木	健	次
編集者	岩　倉	春	光
印刷所	三　報 社 印		刷
製本所	国　宝		社

※万一、本書の内容に誤記等が判明した場合には、上記「お詫びと訂正」に最新情報を掲載し
　ております。ホームページに掲載されていない内容につきましては、FAX または E メー
　ルで編集までお問合せください。

ISBN 978-4-539-72783-6